LA FRANCE

TELLE QU'ON L'A FAITE,

OU

SUITE AUX DOCUMENS

POUR SERVIR A L'INTELLIGENCE DE L'HISTOIRE DE FRANCE EN 1820 ET 1821.

PAR Mr KÉRATRY,

ÉLU DÉPUTÉ DU FINISTÈRE A LA SESSION DE 1818.

Dedimus, profectò, grande patientiæ documentum; et sicut vetus ætas vidit quid ultimum in libertate esset, ita nos, quid in servitute, adempto per inquisitiones et loquendi audiendique commercio. (TACITE.)

A PARIS,

CHEZ MARADAN, LIBRAIRE, RUE DES MARAIS, FAUBOURG SAINT-GERMAIN, N° 16;

CHEZ DELAUNAY, LIBRAIRE, AU PALAIS-ROYAL;

ET CHEZ PÉLICIER, LIBRAIRE, PREMIÈRE COUR DU PALAIS-ROYAL, N° 7 ET 8.

1821.

LA FRANCE
TELLE QU'ON L'A FAITE.

IMPRIMERIE DE MADAME HÉRISSANT LE DOUX.

TABLE DES CHAPITRES

CONTENUS

DANS CETTE BROCHURE.

FIN DE LA TABLE.

AVANT-PROPOS.

Il ne nous reste plus qu'à garder le silence après l'écrit qu'on va lire. Il nous interdit de prendre la plume en matière politique, jusqu'à ce que nous soyons rentrés dans la voie constitutionnelle. Puisse-t-il concourir à hâter ce moment! Nous lui conservons le titre de *Documens historiques ;* le public a eu la bonté de nous le rendre cher. Un littérateur d'un talent connu (M. Jay) a bien voulu lui-même y ajouter quelque mérite, en l'employant à couvrir une des compositions élégantes de sa plume. Nous ne chercherons point à prévenir le public en faveur de ce que nous lui présentons ; nous nous bornerons à dire que notre pensée tout entière y est.

ERRATA.

Page 26, ligne 5, *lisez* : M. Ferrand.
Page 33, ligne 19, *lisez* : Georges IV.
Page 39, ligne 20, *lisez* : de Leybach.
Page 112, ligne 4, *lisez* : Georges III.
Page 147, ligne 20, *lisez* : la faculté des lettres.

LA FRANCE

TELLE QU'ON L'A FAITE,

OU

SUITE AUX DOCUMENS

POUR SERVIR À L'INTELLIGENCE DE L'HISTOIRE DE FRANCE EN 1820 ET 1821.

CHAPITRE PREMIER.

Motifs de cet écrit.

LA carrière d'un député n'aurait rien de difficile dans un état constitutionnel, dont les bases seraient fixes et arrêtées. Veiller à ce que les institutions fussent en rapport avec les lois et celles-ci avec les principes fondamentaux de l'ordre social, telle serait sa tâche, telles, pourrait-on dire encore, seraient ses jouissances. Mais quand les lois radicales à peine en vigueur sont abrogées ou mises en question, quand on remue violemment le système politique au risque d'en provoquer la chute, les fonctions d'un mandataire du peuple, tout en devenant ingrates et pénibles, n'en sont pas moins obligatoires. C'est par lui, c'est par son organe que de justes réclamations doivent arriver au trône, retentir à la tribune, et se répandre dans le sein de la société intéressée à leur prêter l'appui de ses propres doléances; car, ainsi que le prêtre n'est pas seulement prêtre à l'autel, mais porte partout avec lui son saint caractère; ainsi le député, dans les périls de son pays, doit immoler à la confiance dont il est revêtu ses goûts, son repos, et jusqu'à sa sûreté personnelle (1). Menacer ou attaquer les libertés publiques, c'est réveiller en lui le sentiment de ses devoirs. Nous ne serons pas sourds à cette voix; on a eu soin de la rendre assez éclatante pour que nous ne puissions la méconnaître.

Deux ans ne se sont pas encore écoulés depuis le jour où la France pouvait se flatter de marcher vers un véritable régime constitutionnel, pondéré dans les intérêts nouveaux des citoyens et dans ceux de l'antique monarchie. Un ministère qui n'appartient à aucune époque, quoiqu'il les représente toutes, a amené un autre ordre de choses : la place donnée aux intérêts populaires, par suite de ses conceptions, est devenue celle du privilége; incliné vers une démocratie tempérée qu'appelait l'état de la civilisation, le gouvernement a pris tout à coup, contre la pensée franche de la Charte, des formes purement aristocratiques; et la révolution, achetée à si haut prix par une nation généreuse, est devenue la propriété facile de la classe d'hommes qu'elle avait réduite à accepter le droit commun, ou à se renfermer dans le silence.

Il appartiendrait au publiciste d'examiner jusqu'à quel point des ministres peuvent se permettre de déplacer les bases convenues, d'arracher les bornes posées d'un commun accord, d'exercer seuls une sorte de souveraineté, et de changer ainsi, et presque dans un tour de main, la situation d'un peuple. Quoi! hier portion intégrante du pouvoir, sous la protection de son Roi, ce peuple commettait à qui bon lui semblait le dépôt précieux de ses libertés; et aujourd'hui, dénaturant l'expression primitive du contrat social, vous combinez la loi essentielle, la loi universellement créatrice, de manière à le jeter dans une nullité politique! Il ne vous suffit pas d'avoir suspendu l'exercice de ses droits les plus chers; vous lui ôtez tout espoir de les ressaisir; vous ne lui laissez dans la représentation nationale, qu'une part telle qu'il ne saurait l'accepter, que pour sanctionner de sa présence sa propre spoliation. Que dis-je? vous agissez comme si elle était déjà consommée. Partout où vous apercevez un élan de patriotisme, vous le comprimez, vous le punissez même. Si on ne pense comme vous, si on ne vote pas avec vous, si on ne se fait pas représenter par vous et par vos agens, on est indigne de recevoir une délégation quelconque d'un prince que l'esprit de justice avait déjà incliné vers une égale répartition des bienfaits et des charges de la société, avant que la destinée lui eût permis de consacrer, par un acte solennel, ce vœu de son cœur. Il y a peu de jours encore que la majesté de la couronne est descendue, pour la septième fois, sur cette arche d'alliance. Si la Charte n'était plus, la Charte n'eût pas été invoquée par une bouche royale. Le trône sera donc indemne dans nos trop justes plaintes, car le trône ne saurait mentir ou retirer ce qu'il a donné; il n'a d'intérêt qu'à dire la vérité ou qu'à la connaître.

Retranchés dans la Charte, nous montrerons qu'on en a rejeté l'esprit; qu'il ne règne ni dans la diplomatie française, ni dans l'armée, ni dans l'administration civile, ni dans celle de la justice, peut-être encore moins dans la double distribution du pain de vie que le culte offre aux fidèles, et de l'instruction que la société doit à la jeunesse chargée de la perpétuer. Tâche pénible, par laquelle nous allons préluder à des débats, où le gouvernement, à notre grand regret, vient de marquer lui-même notre place. Eh! bon

Dieu, pourquoi le célerions-nous? pourquoi n'irions-nous pas jusqu'à le dire hautement? Notre opposition nous pèse plus à nous-mêmes, qu'elle ne doit être inquiétante pour les amis d'une monarchie à laquelle nous nous sommes solidairement attachés. Le repos nous est cher; notre accession au pouvoir est toute prête; nous brûlons de la lui apporter : mais nous avons aussi une conscience, et il faut que ce pouvoir soit constitutionnel. Nous sommes à lui à ce prix. Nous lui arrivons avec tous les faibles moyens que nous tenons de la nature et d'un travail assidu; nous les lui consacrons dans le sentiment que nous ne saurions en faire un meilleur usage, et dans l'intime persuasion que nous ne pouvons trouver de meilleur moyen de correspondre aux vues de la Providence. Dans le cas contraire, notre opposition sera constante et ferme; elle se fortifiera de tout ce qu'il y a de saint sur la terre et dans le ciel, car les véritables opinions religieuses militent avec nous; c'est pour nous que l'Évangile lui-même a parlé: là il n'y a point de système de castes, là les accidens de la naissance ne sont point érigés en objets de culte et d'idolâtrie. L'égalité devant Dieu réclame l'égalité devant la loi; toute la révolution est là; en vain essaiera-t-on de demander au dogme et à la morale un autre langage; l'imposture et l'hypocrisie, dans ces débats, feront seules intervenir la religion au profit du privilége. Que disons-nous à celui-ci, lors même qu'il semble incliner une tête soumise devant la nécessité des conjonctures? « *Partageons les bienfaits de l'ordre social.* » Que répond-il, lorsqu'il se relève arrogant de l'appui que sa faiblesse trouve dans de folles combinaisons ministérielles ? « *Tout à moi!* » Voyez si après s'être emparé des élections, par lesquelles, dans la seconde Chambre, il prétend stipuler seul pour lui seul, il ne médite pas déjà l'abrogation de la loi du recrutement! Voyez si, envahissant par les jésuites et les évêques l'éducation publique, il ne s'apprête pas à fermer les écoles à la jeunesse studieuse de France, ou à lui commander l'oubli des idées qui, se transformant en sentimens sous l'inspiration de ses anciens professeurs, faisaient palpiter son sein aux seuls mots de patrie et d'indépendance nationale! Déjà il s'est saisi de tout, il est partout; et s'il a appelé dans ses rangs quelques plébéïens, c'est pour se les approprier de telle manière qu'il leur enlève cette belle moralité par laquelle l'honnête homme s'associe à la destinée publique. Centre de l'égoïsme, pour les annuler, il se les incorpore; il s'occupe de leur fortune, pour les rendre plus certainement étrangers à celle de l'état : au mépris du repos de la famille régnante, il crée à celle-ci des intérêts indépendans de ceux du pays, et des droits où la nation ne compte pas. Le cri français, en proclamant l'alliance du trône et de la liberté, renferme deux sons sans lesquels il ne saurait y avoir d'harmonie dans le vœu qu'il exprime; le privilége n'en tolère qu'un seul, parce qu'il sent bien qu'il s'exclurait par l'autre, et que, si *le Roi et la Charte* se prêtent un appui réciproque, l'existence simultanée *du privilége et de la Charte* impliquent contradiction. Quoi qu'il arrive, il faut que l'un des deux périsse: fier d'une puissance empruntée, dût-il ne dévorer que le règne d'un moment, le privilége prend l'initiative de l'attaque: parce qu'on l'a introduit dans l'enceinte des fortifications, il croit qu'il en restera le maître; de là, il tourne les forces de la société contre la société elle-même: tout ce qu'il touche est souillé, tout ce qu'il décore est flétri, tout ce qu'il attire dans son orbite est enlevé à celle du bien public; s'il consent à déroger dans ses alliances, c'est pour avilir. Comme le mancenillier, il offre un abri, mais c'est pour donner la mort, par une sorte d'isolement de l'ordre commun, auquel il soustrait ses hôtes imprudens. Combien de réputations frappées par lui! de courages qui se cherchent et qui ne se retrouvent plus! combien de noms effacés du livre de vie, et de fronts qui rougissent sous les reflets accusateurs de leur gloire passée ! Ainsi, dans le même individu, il établit des luttes et des combats, pour sourire ensuite amèrement quand l'honneur a failli. Ces défections ne l'enrichissent pas ; il consomme, il absorbe, mais sans acquérir d'embonpoint, car il est dans sa nature de dessécher tout, d'appauvrir tout et de languir sous une feinte bouffissure. Dans le sentiment de cette pauvreté réelle, il s'irrite devant les résistances ; ainsi nomme-t-il *niais* ceux qui refusent de se faire avaler, et *mauvaises têtes* ceux dont le cœur est encore à la patrie.

Les ministres actuels lui ont donné toute l'ampleur dont il est susceptible. Sous leur direction, d'auxiliaire devenu maître du navire, le privilége a mis dehors toutes ses voiles, a étalé tous ses oripaux. S'il s'était borné à ce vain appareil, qui n'est qu'un mensonge, en ce qu'il présente la force où elle n'est pas, nous garderions le silence ; mais il médite la ruine du gouvernement représentatif par le gouvernement représentatif, celle de la justice par des formes judiciaires, celle de l'indépendance nationale par les organes accrédités de la nation, celle de nos rois par leur propre bonté, celle de la religion par quelques-uns de ses ministres transformés en prédicans politiques, quand ils ne devraient être que des ouvriers de paix et de concorde.

Quoi qu'il nous coûte, il faut parler ; il faut éclairer le monarque sur ses périls, par conséquent sur les nôtres.

Nos amis nous avaient sollicités de prendre la plume dès avant notre départ pour le département où nous appelait notre devoir d'électeur : stupéfaits comme nous à la vue de la marche suivie par les préfets dans l'interprétation de la nouvelle loi des élections, alarmés sur les résultats qui en étaient la conséquence obligée, effrayés par la liste des présidens que l'on présentait aux suffrages des citoyens français, y lisant avec douleur tous les noms qu'en sens contraire, à une autre époque, avait repoussés la volonté royale, n'en trouvant pas un seul qui fût cher à la France constitutionnelle, ils se demandaient ce que l'on voulait, ce que l'on préparait. Ce n'était pas seulement une révocation de l'ordonnance du 5 septembre qu'ils apercevaient dans cet acte du ministère, mais une révocation de la Charte elle-même, puisqu'il invitait, au nom du trône, à commettre le dépôt de nos destinées aux ennemis irréconciliables de la révolution, dont la Charte n'est que le sacrement, ainsi que nous nous engageons à le prouver bientôt d'une manière décisive.

Dans cet abattement des esprits, dans cette douleur commune de tout ce qui chérit notre France si digne d'un meilleur sort, on souhaitait que nous fissions entendre quelques accens de vérité. Quoique frappés des maux présens, et en vue d'un horizon noirci d'orages, nous nous refusâmes à ces désirs; des considérations personnelles nous retinrent. Les pages que nous venions de publier sous le titre de *Documens historiques*, d'une part avaient reçu un tel accueil de bienveillance, de l'autre déposaient tellement de notre abnégation individuelle, que nous craignîmes de démériter de la première en semblant vouloir trop l'occuper, et de faire suspecter l'autre en nous produisant de rechef sur un théâtre, où tout l'intérêt et tous les regards sont réclamés par nos grandes infortunes publiques. Avant d'avoir été marqué pour le sacerdoce de la patrie par le suffrage libre et non sollicité des habitans du Finistère, nous ne nous sommes mêlés en aucune façon aux débats qui agitent notre pays. Voués par goût comme par sentiment à des études littéraires et philosophiques, auxquelles nous attache de plus en plus le souvenir des seules consolations que nous ayons goûtées dans les peines les plus cuisantes de la vie, nous redoutions de descendre dans une arène où, ne nous présentant pas avec l'injure et le sarcasme à la bouche, nous ne saurions combattre qu'avec désavantage; enfin, pour dire toute notre pensée, nous avons eu la faiblesse de craindre que la malignité, oubliant que nous écrivons pour conjurer les tempêtes, ne nous accusât de les provoquer ou de les attendre pour écrire. Nous avons surmonté cette terreur qui (il faut l'avouer) avait beaucoup de prise sur notre esprit : nous sommes dans une telle position, que, pour un sincère ami de son pays, le temps des délicatesses est passé. Au reste, c'est un devoir de conscience dont nous allons nous acquitter. Quand, par les nouvelles combinaisons politiques vers lesquelles on marche à grands pas, la confiance de nos compatriotes se sera retirée de nous, ou plutôt quand ceux qui nous ont nommé leur mandataire ne nommeront plus rien, le silence sera la loi du jour; nous l'accepterons comme un bienfait. Quittes envers la patrie, nous ne lui devrons plus que notre douleur et notre pitié; on aura malheureusement pourvu à ce qu'elles ne lui manquent pas.

C'est à ce sentiment profond qui, par une triste anticipation, remplit notre ame, que nous devrons toute notre éloquence. Elle sera mélancolique et amère pour nous-mêmes, comme le sujet qui nous occupe. Eh! ne nous a-t-on pas rendus riches d'infractions aux lois, de violations des paroles données, d'indignes subterfuges pour éluder la distribution égale de la justice et une sage répartition des bienfaits de l'ordre social? Ne nous a-t-on pas navrés par le spectacle de nos vieux militaires, éconduits partout comme des malfaiteurs; de nos chaires de philosophie, veuves de leurs anciens maîtres (2); du conseil-d'état, où ne siégent plus les amis les plus désintéressés du peuple et des Bourbons; de l'église de France, qui, dans son zèle de l'obscurité, parle déjà d'enlever leurs lecteurs aux livres saints, et de nos tribunaux, où la sentence a semblé plus d'une fois résolue avant les débats? Déplorable opulence avec laquelle nous allons nous présenter devant nos adversaires! nos paroles les transperceront au sein de la prospérité apparente où ils amassent les malheurs de l'état; et s'ils viennent à nous en objecter l'ardeur, nous leur répondrons avec hardiesse: « C'est vous qui nous avez rendus » forts; c'est vous qui nous avez faits éloquens! » le vase a été rempli par vous; s'il déborde, à » vous la coulpe. Moins misérables, nous aurions » moins à vous dire! »

CHAPITRE II.

Des relations de la France avec les puissances étrangères.

QUOIQU'IL soit naturel de parler du régime privé d'une nation, avant de jeter les yeux sur ses relations étrangères, qui sembleraient n'en devoir être que la conséquence, ou qui au moins devraient concorder avec ce régime, je vais m'occuper de la diplomatie française, sans m'interdire de faire rentrer dans ce sujet quelques questions d'ordre intérieur. Cette marche est une interversion, je ne me le dissimule pas; mais notre diplomatie en est une autre qui la motive : cause servile! au lieu d'être le noble résultat de la position qui nous appartenait, elle a donné à l'étranger une véritable influence sur nos mouvemens. Commandés en sens inverse de nos intérêts et de ceux de la monarchie, ceux-ci n'ont pas même le mérite d'être automatiques, c'est-à-dire d'être réglés par un instinct de vitalité et de conservation. Pourquoi les puissances voisines se sont-elles saisies de cette initiative d'action sur nous-mêmes, si ce n'est parce que le gouvernement de France, dès son début, n'a pas su chercher sa force où elle est, s'appuyer sur ce qui se soutiendrait presque par le seul assentiment général, au défaut de l'accession du pouvoir, et, des débris d'une immense puissance excentrique, se former des moyens compacts de défense avec lesquels il se fût présenté dans une attitude respectable à ses amis et à ses ennemis? Depuis six ans, quelle a été la conduite des ministres? Voyons-le, examinons-le.

En entretenant une guerre sourde dans l'intérieur du pays; en la fomentant même, ils se sont mis dans l'impuissance, s'il le fallait, de la faire au-dehors avec avantage. Le bénéfice de ces dispositions appartenait tout entier à l'étranger. Dispensé de les commander, il a dû les nourrir. On lui a épargné la peine de planter l'arbre, et on ne lui a laissé que le soin de l'arrosement; aussi y a-t-il pourvu avec largesse. Que devait faire, au contraire, le gouvernement des Bourbons, dans l'intérêt monarchique et national? Question d'enfant, à laquelle nous allons répondre, parce que le malheur des écrits, pareils à celui que nous traçons, est d'obliger à redire ce que l'on a établi, ce que l'on a démontré dans d'autres écrits, auxquels on ne saurait trop renvoyer les lecteurs sans les livrer à des doutes jusqu'à la recherche indiquée. Ce qu'il devait faire! ce que les hommes d'état les moins versés dans les affaires publiques eussent fait à sa place, ce que la simple raison dicte comme le plus expédient après les grandes commotions intestines d'un peuple : examiner l'état des partis qui se partagent l'opinion ; pondérer leurs droits et leurs forces ; distinguer dans celles-ci ce qui ne peut avoir qu'une durée éphémère, de ce qui est permanent de sa nature ou destiné à primer en définitive dans l'ordre éternel des choses ; et puis prendre une détermination.

Il y avait bien un autre parti auquel on pouvait s'attacher ; c'était de s'asseoir dans la place vacante, et de dire à chacun de garder la sienne. Le prince eût régné, et la liste civile, bien administrée, eût payé la dette sacrée du malheur : c'est ce que M. Fouché conseilla ; c'est ce que la Providence, qui voulait mieux, ne permit pas. D'ailleurs, au défaut de victoires et de conquêtes, toujours brillantes lors même qu'elles sont cruellement expiées, l'idée d'arriver avec une Charte était digne des Bourbons, constamment amis des droits populaires : c'était se montrer, après la tempête, la branche d'olivier à la main ; c'était faire le seul procès convenable à l'égoïsme, et le mettre au ban de la France. Ce dernier parti, adopté franchement, rentrait dans la première détermination : il plaçait qui de droit en tête de celle des deux forces, avec laquelle il faudra bien finir par marcher ; il offrait même les moyens de la régulariser; mais, pour cela, il fallait désespérer l'autre, en lui refusant un appui, faible secours pour elle-même, et cause imminente de chute pour le protecteur; car, dans l'ordre moral des intérêts humains comme dans l'ordre des événemens physiques, les ruines, en tombant, entraînent leurs étais.

Oui, il fallait désapointer un parti; il fallait le forcer, par la mort de ses prétentions, à une fusion qui eût tourné au profit de ses élémens; il fallait abjurer des intérêts en minorité, et qui ne sont susceptibles de recevoir une ombre d'existence que du seul assentiment de ceux qui les contestent. Mais les mêmes illusions ne pouvant se produire avec succès dans le même siècle, sur le théâtre où leur charme a été brisé, il ne restait qu'à immoler saintement celles-ci au repos public. Enfin, pour être fort, il convenait de réunir. Or, ce n'est pas la partie moindre, et hostile contre tous, que l'on s'avise jamais d'indiquer pour centre de ralliement, dans une société où les esprits fermentent de dissidence; ce n'est pas davantage le gros d'alun, jeté dans la cuve, qui déterminera la couleur de la teinture à laquelle on le mêle; destiné tout au plus à y faire nuance ou à lui donner de l'éclat, il n'y parviendra que par son atténuation même; comme mordant, il fixe la couleur, mais il ne la crée pas.

Il y a long-temps que l'on débite, avec un air capable, à la tribune et ailleurs, des axiomes de toutes faussetés en politique comme en morale. Nous allons nous prendre au plus dangereux de tous, c'est *que tous les intérêts doivent être représentés dans la chambre élective*. Si l'on entendait par-là donner un droit de présence, de suffrage même aux intérêts territoriaux, manufacturiers, de banque, de commerce, d'agriculture, de talens, de travail manuel ou mental, je ne me permettrais pas la plus légère observation; mais on étend cette représentation aux intérêts que la patrie a repoussés, qu'elle ne reconnaît plus, qu'elle ne veut plus reconnaître, qui se taisaient il y a quelques années, et qui maintenant nous agitent de leurs prétentions importunes; ce sont ceux d'une classe qui n'a cessé de faire corps (3), quoique la loi n'y voie que des individus, qui, comme Israël, errant parmi les peuples, se tient pour le but de toute création, et qui, comme Juda, a sa tribu privilégiée dans Israël même. Il faut le dire une fois pour toutes, c'est contre ce qu'elle nommait ses droits, que la révolution a été faite, mais non contre les unités individuelles dont elle se compose. Celles-ci, en leur privé nom, si elles possèdent quelqu'une des notabilités que nous venons de passer en revue, sont admissibles partout; comme représentans des intérêts abrogés, *elles ne doivent être nulle part*, pas même dans notre chambre haute, qui, perpétuant une magistrature héréditaire dans certaines familles, s'ouvre aux supériorités de fortune ou d'illustration nationale, jamais au privilége.

En proclamant ce nouvel ordre de choses, en le consacrant par la parole auguste de son Roi, force visible de la patrie, la France n'a pas entendu que rien pût la troubler dans une jouissance non moins juste que péniblement acquise. Que dirait-on de l'empyrique qui, après avoir versé une poudre corrosive dans une médecine, prétendrait offrir un breuvage salutaire? Notre régime repousse les électuaires des vieilles pharmacopées : notre corps politique demande des alimens sains et généreux; dans leur diversité même, il faut qu'ils se prêtent à l'assimilation; si on s'obstine à lui donner le privilége, il vomira le privilége.

La révolution (car enfin il faudra bien la reconnaître) a commencé, en nous, un nouveau genre d'existence : or, toute existence tend à sa conservation; si ce n'est un droit, c'ést une loi de nature. De quelle autorité se permettrait-on d'introduire des germes de mort pour la France constitutionnelle, dans celui de ses sénats, où les libertés publiques doivent trouver leur plus saint asile? Notre vie politique a deux organes principaux : vous n'avez pas plus de raison de mettre l'un en péril, que d'attenter à l'autre. La représentation des intérêts contre-révolutionnaires serait aussi sacrilége que celle des intérêts contraires au trône, dans une assemblée où l'on n'entre que par le double serment de fidélité à la dynastie et aux droits acquis et reconnus du peuple. Si ce serment n'est qu'une jonglerie, qu'on en avertisse, et au moins on mettra un peu plus à l'aise certains gentilshommes qui, naguère, avec une conscience quelque peu timorée, dans un département de la Bretagne, se faisaient un honnête scrupule de s'engager envers la Charte! A de tels sentimens, on ne saurait reprocher le défaut de loyauté. La révolution tout entière, avec ses principes et ses conséquences, est en effet dans la Charte; c'est elle qui l'a inspirée, dictée, proclamée. C'est avec cet aliment, qu'un sage l'a calmée et soumise; si on le lui retirait, elle en appéterait bientôt un autre. Qui ne veut pas la révolution, ne saurait vouloir la Charte; qui allègue le contraire, ment à autrui ou à soi-même. A la rigueur, il était possible que les Bourbons se dispensassent de donner la Charte; mais il est bien plus probable qu'on la leur eût demandée, et ils ont le noble mérite d'avoir pris une belle initiative. Puisse-t-on le leur laisser! car, dans la pensée publique, les Bourbons et la Charte sont déjà identiques; c'est plus, ils sont solidaires. C'est le cas d'observer que la France n'admet pas le divorce en fait de mariage. Je dirai donc : « Sortez de la chambre! » à ceux qui ne veulent pas des Bourbons; je le dirai avec une égale force de voix à ceux qui ne veulent pas de la Charte, c'est-à-dire de la révolution; je le dirai même par pur royalisme et par attachement aux princes français; ils ont accepté le tison de Méléagre, c'est à eux de le garder.

Cette Charte n'est pas un vain mot; si elle ne donne la vie, elle donne la mort. L'éluder, c'est la tuer, c'est traiter le pays avec dérision. Il faut qu'elle anime tous les grands corps de l'état, et qu'elle les imprègne de son esprit.

L'ordonnance du 5 septembre nous avait ramenés à ces principes; la loi nouvelle des élections tendait à nous en éloigner : dans l'application de cette loi, les ministres et leurs agens administratifs les ont foulés aux pieds; jamais ces principes n'ont existé dans le corps diplomatique de France, tel qu'il est composé depuis la restauration; jamais ils n'en ont été ni avoués ni reconnus. Pour se convaincre de ce que j'avance, il suffira d'ouvrir l'*Almanach royal* de nos six dernières années. Je ne dresse point l'acte d'accusation de nos ambassadeurs, dont les noms figurent actuellement dans les cours étrangères; je ne leur fais point un crime d'être restés conséquens à eux-mêmes et aux préjugés de leur naissance; je n'oublierai pas les beaux titres avec lesquels quelques-uns se montrent dans le passé; mais c'est du présent qu'il s'agit. S'ils sont excusables de n'avoir pu surmonter d'anciennes répugnances, et de ne pas savoir ce qu'ils n'ont pas appris, on ne l'est point d'avoir eu recours, dans leurs personnes, à des services qu'ils ne pouvaient donner qu'en sens contraire du gouvernement, dès qu'on le suppose constitutionnel, ou pour la ruine entière de la patrie, s'il ne l'est pas.

C'est de cette région que l'on a vu sourdre, et c'est encore vers elle que l'on a vu refluer les notes secrètes par lesquelles, battus dans les élections, on invoquait l'appui de l'étranger pour des projets de bouleversement intérieur: c'est là qu'a trouvé ses fils, ses ramifications, son appui, ce pouvoir latent, dénoncé avec tant d'abnégation personnelle par un magistrat auquel l'histoire marque déjà sa place à côté des Molé; pouvoir occulte, dans une acception convenue, mais apparent pour tout ce qui a des yeux, et s'expliquant nettement pour tout ce qui a des oreilles; pouvoir trop bien connu de ceux qui le nient; pouvoir qui tient en réserve des forces matérielles, dont il a le contrôle, tandis que l'existence ou l'apparition d'un seul homme armé sur le sol de l'état, sans que la loi l'autorise, est une monstruosité dans l'ordre des sociétés. Tout gouvernement qui la tolère a donné sa démission.

Imagine-t-on que ces choses eussent été seulement essayées parmi nous, si, au défaut de cette protection que naguère on n'osait se promettre ouvertement dans l'intérieur, on ne s'était flatté d'une double faveur excentrique et lointaine? Ainsi, on a vu tour-à-tour Rastadt, Vienne, Aix-la-Chapelle, Troppau, nous agiter de craintes; mais nos ministres n'eussent-ils pas dû savoir que l'on ne menace vingt-neuf millions d'hommes que quand ils veulent bien être menacés, ou, au moins, quand leurs chefs le trouvent bon? S'agit-il de nommer un de nos ambassadeurs? les questions, dont il devient le sujet, méritent assurément de trouver place dans l'histoire du siècle. Vous croyez peut-être que l'on s'enquerra, s'il a acquis quelque connaissance des rapports des puissances entre elles, de leurs points de contact et de ceux de répulsion; vous supposez au moins qu'on le voudra versé dans la forme de notre gouvernement, initié à nos intérêts commerciaux, moraux et constitutionnels, décidé à les faire respecter, et d'assez forte tête pour combiner et saisir, au premier aperçu, l'esprit d'une proposition; point du tout. Vous allez vous persuader que, nouveau tribun du peuple, la lance toujours en arrêt contre les prérogatives de naissance (qui au fond ne sont des torts que lorsqu'on ne sait pas s'en faire des titres), je m'apprête à vous dire avec un sourire d'amertume, que l'on interroge l'armorial français sur l'extraction du candidat! ce n'est pas encore cela.... Eh bien! la question principale est de savoir s'il sera agréable à la puissance vers laquelle on le dirige!... Tel est l'état d'abjection auquel on est descendu, pour n'avoir pas voulu marcher avec la force morale et physique du pays. Pour établir chez soi le privilége, on ne voit donc pas qu'on est réduit à s'abdiquer soi-même, puisqu'il ne saurait se fonder que sur la ruine de toute indépendance publique et privée! On accepte (je n'écrirai pas qu'on le dévore, car je ne sais en vérité si on a la conscience d'une telle position), on accepte, dis-je, ce qui répugnerait à tout peuple qui n'a pas perdu le sentiment de sa dignité; ce qui en Angleterre, par exemple, provoquerait un murmure d'indignation générale; car là, un ambassadeur, soupçonné d'avoir été seulement désiré par un cabinet étranger, est un ambassadeur révoqué.

J'étais tellement pénétré de cette vérité, que, nouveau dans les formes parlementaires, lorsqu'on présenta à la chambre de 1818, le projet de fondation d'un majorat en faveur de M. le duc de Richelieu, je soutins la loi; mais j'attaquai les motifs énoncés dans le préambule, qui donnait à entendre, un peu crument à mon avis, que, dans la libération de la France, ce diplomate avait tout fait personnellement, et que la considération, due à l'une des plus grandes et des plus estimables sociétés de l'Europe, n'avait été d'aucun poids dans un congrès européen. Chez les anciens Romains, un tel négociateur eût été censuré; dans l'ancienne Grèce, il eût subi l'ostracisme pour le fait même d'une telle influence. Les peuples ne sont rien où les individus sont tout; et si le malheur des conjonctures a voulu que, sans parler au nom d'une nation qui n'était pas encore éteinte, M. le duc de Richelieu ait pu beaucoup pour elle, il fallait au moins avoir la pudeur de ne pas le lui faire dire à elle-même sur le marbre et l'airain.

Telle fut ma pensée! on ne la comprit pas, et l'on refusa de justifier, conformément à ma demande, le don offert au diplomate, par le noble appui qu'il avait donné pendant deux ans à notre régime constitutionnel encore au berceau. Il est certain qu'en cela il avait surmonté les résistances des hommes avec lesquels il avait le plus de rapports, peut-être même, celles de ses goûts personnels; mais je voulais que le prix d'un tel acte fût décerné par la patrie forte, digne, se sentant elle-même, et non par l'esprit de servilité. L'affaire reçut une mauvaise direction du côté gauche, qui, au lieu de se saisir de mon idée et de l'entourer des beaux développemens que je n'avais pas eu l'habileté de lui donner, se porta vers des discussions de théorie, dont le côté droit obtint tout l'avantage.

Ainsi choisis, ainsi animés, qu'est-ce que représentent nos ambassadeurs? Je voudrais bien qu'on me l'apprît. Certes, ce ne sont pas les intérêts de la France moderne; ils croiraient commettre un suicide. Attendant tout du pouvoir absolu, ils entrent dans toutes les ligues du pouvoir absolu. Elle ne serait pas très-hasardée l'assertion, par laquelle on leur supposerait deux correspondances officielles en France, l'une avec le ministère, l'autre avec des bureaux, tels quels, d'où partirait une seconde direction. C'est leur secret, et le temps approche sans doute où il sera dévoilé. En 1790, quelques amis sincères et honnêtes de la révolution, frappés des obstacles qu'elle rencontrait, et qui contribuaient malheureusement à en aigrir le caractère, jetèrent autour d'eux des regards observateurs, et admirent l'existence d'un *comité autrichien* dans le château même des Tuileries. Elle fut généralement contestée; avec plusieurs de mes compatriotes auxquels j'ai survécu, je la regardai comme une invention hostile du parti exagéré; elle me semblerait telle encore, si M. Ferran ne s'était attaché à démontrer quelle fût réelle. Ses mémoires sur madame Elisabeth de France en contiennent la preuve.

Au 18 fructidor, on écrivit, on afficha qu'un complot monarchique avait été tramé contre la république. L'opinion générale fut que le directoire, embarrassé de la présence de quelques hommes vertueux et d'une ame courageuse, avait été bien aise de saisir un prétexte de les enlever à la patrie, dont ils étaient l'ornement et l'espoir dans ces jours de calamité. Mon respectable ami, M. Camille Jordan, fut de ce nombre, et je tiens de sa bouche une anecdote qui mérite d'être confiée aux annales de notre étonnante révolution; c'est que fort de son innocence, malgré ses vœux pour le retour de l'ordre et de tout ce qui pouvait le rendre à son pays, il publia en Suisse, contre cette fameuse journée, une brochure où il mit hors de doute la fausseté de l'accusation intentée contre lui et ses compagnons d'infortune. J'ai dévoré cet écrit, l'un des plus beaux de la langue française en polémique de cette nature, et je puis dire qu'il était bien propre à présenter, dans son jour hideux, la ruse directoriale : eh bien! le général

» ber dans le paradoxe (car l'histoire, en dérou-
» lant ses pages séculaires, sera là pour apposer
» un sceau de consécration sur nos paroles), pre-
» nez bien garde que ce droit est nécessairement
» soumis aux conditions qui résultent de la si-
» tuation sociale de votre peuple. Simples chefs
» de guerriers, soldats eux-mêmes, vos aïeux
» ont dû déférer d'abord à la volonté d'une aris-
» tocratie, dont plus tard ils ont secoué la dé-
» pendance; pour eux la royauté, éparse dans
» les donjons, a fini par se concentrer dans un
» Louvre. Après avoir eu pour auxiliaires les com-
» munes affranchies, ils ont dû gouverner avec les
» communes; plus tard, l'absence des résistances
» féodales a déterminé l'action de l'autorité, qui
» a pris des caractères absolus; c'est le règne de
» Louis XIV. Toutes les phases qu'a parcourues
» le pouvoir, escorté de satellites, entouré d'un
» anneau populaire, ou réduit, par immersion, à
» l'unité de son disque, sont des conséquences
» des époques où il a plu au ciel de le faire appa-
» raître à nos yeux; aucune de ces formes, dont
» il s'est revêtu successivement, n'a été un objet
» de litige ou de contestation. Prétendre les mo-
» difier, dans l'un ou l'autre temps, c'eût été
» lutter contre l'essence des choses; c'eût été un
» délit d'exiger, sous le prince que nous venons
» de nommer, une participation des citoyens

» plus ample au maniement des affaires publiques,
» car la société ne la comportait pas. Cependant,
» dès-lors, commençaient à germer les semences
» du régime représentatif que l'on voit éclore
» aujourd'hui; le sol auquel elles étaient depuis
» long-temps confiées, s'enrichissait de la dissé-
» mination des fortunes, le plus grand bien dont
» le ciel puisse favoriser un pays, parce que celle-
» ci est toujours accompagnée de la diffusion
» des lumières qui font croître rapidement la
» plante des libertés publiques. L'heure est venue
» où le système monarchique et le système re-
» présentatif aspirent à n'en former qu'un seul
» en France; la conjonction est imminente et
» obligée dans leurs intérêts respectifs : or, puis-
» que tel est l'état positif de la société, force vous
» est de l'accepter vous-même. Prince, il est in-
» contestable que vous devez régner; il est égale-
» ment incontestable que vous ne sauriez régner
» comme l'autocrate de toutes les Russies. Si vous
» en avez quelque regret, prenez-vous-en à la Pro-
» vidence, qui ne vous a pas appelé par votre
» nom, immédiatement après les jours où elle ap-
» pela Cyrus par le sien. Pour le moment vous
» ne pouvez que marcher avec le grand peuple à
» la tête duquel elle vous a placé. Par le fait même
» de la date de votre naissance, vous n'avez autre
» chose à prétendre. On serait coupable de vous

» contester votre légitimité : on ne l'est pas de » vouloir intervenir aujourd'hui dans le mode » d'action par lequel elle s'exerce. Que vous com» commandiez suivant les lois, auxquelles vous » coopérez personnellement, ou par vos délégués, » c'est un droit qui vous est acquis; mais que » ces lois ne fussent pas l'expression de la volonté » et des besoins de tous, quand tous, ou un nom» bre assez imposant pour être écouté, vous » prouvent qu'ils savent ce qui leur est bon, cela » serait incompréhensible.

» A vous le gouvernement, d'après les formes » convenues : le disputer serait un crime, car » l'action de le ravir, depuis un siècle, n'a pas » encore été définie dans certains cabinets de » l'Europe. Moralistes plus sévères, nous veille» rons, par devoir, à ce qu'elle ne soit pas com» mise en France. Votre caractère, originelle» ment généreux, nous portera sans doute à le » faire aussi par intérêt, c'est-à-dire par amour; » car, depuis que le monde existe, on ne s'atta» che qu'à ce qui est bon et utile de sa nature. » Qu'ils escortent votre passage de leurs *vivat*, » ou qu'ils l'entourent de silence, qu'ils disent » aimer ou qu'ils disent haïr, les peuples se bor» nent à livrer le secret de leur condition pré» sente. Quels autres rapports auraient-ils avec » vous? Irez-vous frapper à la porte de leurs

» modestes logis, et vous asseoir à leurs tables,
» leur serrer la main, vous réjouir ou pleurer
» avec eux? Non, vous leur ferez du mal ou
» du bien sans les voir; ils ne vous connaîtront
» eux-mêmes que par vos délégués. Bénissez le
» gouvernement représentatif, qui, vous enle-
» vant à l'effrayante responsabilité de mille agens
» subalternes, ne vous demande que cinq ou six
» choix raisonnables! Astre emblématique, di-
» vinité sombre ou radieuse, vous affligez ou
» consolez la nature, sans que l'on puisse arrêter
» sur vous les regards! Placé hors la vie ordi-
» naire, vous vous éteindrez sans avoir été en
» contact avec la millionième partie de vos su-
» jets, et pourtant prenez garde que vous pouvez
» être le meilleur des hommes, et leur devenir,
» par un seul choix, un objet éternel de haines,
» tandis que l'empereur Auguste, qui probable-
» ment n'était qu'un monstre, fut adoré des
» siens! »

Nous ne saurions nous empêcher de reconnaître que tout gouvernement est républicain d'essence, même celui de Constantinople, qui ne se soutient que par sa partie républicaine, c'est-à-dire par la protection accordée aux personnes et aux propriétés. Cet axiome bien développé, fournirait un argument d'une grande force, en faveur des droits des peuples, qui ont aussi une *légitimité ;* il indiquerait l'origine et le but réels *du pouvoir ;* il dissiperait, à plein, cette fantasmagorie mystérieuse dont on se plaît aujourd'hui à l'environner. Nous l'avons rendu à sa destination ; c'est assez. Le colon de l'Egypte ne s'enfonce pas dans les profondeurs de l'Abyssinie pour y explorer les sources du Nil : il lui suffit que le fleuve, en se débordant chaque année, couvre d'un limon généreux ses rivages.

Le gouvernement de France (il faut bien en convenir) est un peu plus républicain que celui du Bosphore, quoiqu'avec des couleurs un peu moins foncées que celui de la Grande-Bretagne, où il est assez ordinaire de séparer les intérêts privés du prince de ceux de la couronne. Celui-ci ne remplit guère alors, dans l'état, que le rôle d'un simple citoyen soumis au droit commun. Nous en attestons le trop fameux procès, où Georges III s'est vu personnellement engagé devant les chambres élective et permanente de son parlement. C'est ce que je suis loin d'approuver. Le Roi et l'individu sont indissolubles à mes yeux ; ils forment un tout que je ne puis scindre ni abstraire. A mon sens, ce devrait être un dogme reconnu dans le gouvernement représentatif, qui y gagnerait beaucoup en respect, sans rien perdre en garanties ; car, si le prêtre et l'autel des sacrifices ne passent pour immaculés, il est bien à craindre que l'un et l'autre ne soient bientôt sans offrandes. Le plus grand inconvénient qui pourrait résulter de cette inviolabilité absolue, serait de ressembler à ces biens substitués, avec lesquels la seule bonne foi peut trouver des prêteurs; dans les relations privées de toute nature avec le prince, on saurait à qui on a affaire, et chacun agirait en conséquence.

Malgré cette déclaration de principes, il me paraîtrait au moins désirable que nos ambassadeurs, tout en reconnaissant qu'ils reçoivent leur mission du monarque, n'oubliassent pas tout-à-fait que ce monarque est constitutionnel, et qu'ils ont à parler au nom d'une nation qui a quelques droits de se faire écouter chez les autres, et encore plus, d'être maîtresse chez elle.

Hélas! que nous sommes éloignés, dans le moment présent, de prendre, aux yeux de l'Europe, la seule attitude qui nous serait séante! On a lu, dans la première partie de ces documens, la note de son altesse le prince de Metternich à M. le baron de Berstett, ministre de Baden; on a vu par quels moyens on se propose de réduire chez nous, et chez les peuples du continent, le gouvernement représentatif à sa plus simple expression, et que le projet des cabinets est, s'ils ne peuvent ressaisir ce qui est échappé de leurs mains, de s'emparer au moins de tous les moyens d'action sur l'opinion publique, mesure dans laquelle ils ne sont que trop secondés, en France, par l'entière accession des deux anciens ordres de l'état. Nous avons mis sous les yeux de nos lecteurs ce manifeste armé contre la raison et les droits des peuples, droits déduits, comme nous l'avons prouvé, des progrès de leur civilisation. Cet écrit n'a point été démenti, encore moins justifié. Il en existe un autre (4) où la France est plus directement attaquée; où même, après la pacification générale, on refuse de l'admettre à la discussion *utile* de ses propres intérêts; où on l'appelle ironiquement à des conférences illusoires, à des débats sans résultat, quand tout est décidé ailleurs, et où on ne semble vouloir l'écouter, ainsi que l'Espagne, que par manière d'acquit et sans préjudice des déterminations dont ces deux puissances sont réservées à devenir l'objet. Nulle influence dans les affaires du continent, ou n'être admis à les discuter que *lorsque les autres parties sont déjà d'accord entre elles*, tel est l'arrêt prononcé contre une nation qui, si on ne lui adjuge pas le premier rang dans l'ordre des peuples de l'Europe, a le droit d'exiger que les places ne soient pas données; et c'est au nom d'un *traité secret de Paris* qu'une telle ignominie nous est imposée, et c'est sur de telles bases que nos ambassadeurs ont été appelés à transiger! Je mets ce *protocole* sous les yeux des lecteurs; je leur demande si, en supposant que la génération dont les pas foulent actuellement le sol français, eût disparu tout à coup, et qu'il ne restât sur cette terre de deuil que les tombeaux de nos aïeux, je leur demande, dis-je, si, au défaut d'auditeurs, la seule atmosphère de la patrie ne se révolterait pas au son de pareilles paroles, et si les ossemens des vainqueurs de Lens, de Fribourg, de Fontenoy, de Jemmappe, de Fleurus et de Maringo ne s'agiteraient pas d'indignation sous la glèbe qui les couvre. Malheur aux vaincus! ont dit les Samnites aux Romains des Fourches Caudines; mais ce n'est pas aux vaincus d'éterniser leur défaite par de honteuses accessions! Présenté le lendemain de sa date à la signature de l'Angleterre dans la personne de son fondé de pouvoirs, le *protocole* n'a été admis qu'avec des modifications qui, quant à ce cabinet, sauvaient à certains égards l'honneur de la France; on serait tenté de croire que la grande ombre de notre beau royaume, apparaissant dans l'appareil d'une auguste douleur à lord Castlereagh, lui aura commandé ce reste de respect pour nos triomphes passés et nos prospérités déchues.

Autrefois, les pactes de famille étaient en crédit

en Europe ; ils nous ont coûté assez cher pour qu'on n'en ait pas perdu la mémoire. Voilà que trois puissances du continent viennent d'adopter un régime constitutionnel ; toutes les trois tendent à faire marcher, chez elles, le système représentatif : les liens du sang unissent les monarques qui occupent les trônes de toutes les trois. Parle-t-on de renouveler, entre elles, des traités qui, en leur donnant dans la balance générale des intérêts, un poids qu'on leur refuse, auraient le double avantage de circonscrire dans de sages limites l'action de leurs gouvernemens respectifs, et d'assurer la stabilité des princes qui les dirigent? Je ne le sache pas. On s'en tient à la sainte alliance; et il est notoire que l'ancien ambassadeur de Naples, bien que révoqué par son propre cabinet, pendant trois mois a suivi la cour de France, puisqu'au dire de nos gazettes, il a participé à toutes les présentations. Que conclure de ces choses? Que RIEN, dans la diplomatie française, n'est en rapport avec la forme de notre gouvernement.

Avant de terminer ce chapitre, où nous avons mis en dépôt plusieurs vérités, nous devons à notre propre impartialité de déclarer que le bruit public fait au cabinet de France l'honneur d'une déclaration, en vertu de laquelle les puissances réunies à Troppau, auraient apporté quelque circonspection dans l'examen des affaires napolitaines. Nous le souhaitons, nous aimons à le croire; mais, si l'on favorise l'établissement du régime représentatif chez des peuples qui n'en étaient pas en possession, ne devrait-on pas le le respecter un peu plus dans son propre pays ?

CHAPITRE III.

De l'Armée.

Dans l'état présent de la civilisation, un homme n'est qu'un faible élément de la force publique; il ne peut rien contre tous; il ne peut rien, si sa volonté est sans action sur les volontés. De société à société, cela est encore plus sensible. Pour faire respecter celle à laquelle on appartient, il faut parler en nom collectif et la montrer toute prête à appuyer nos paroles. Telle est l'office des rois. Nous savons que, si les congrès de l'Europe ressemblaient au tribunal des amphictyons, on pourrait, jusqu'à un certain point, se dispenser de cet appareil; mais, malgré le respect que nous professons pour les hautes puissances alliées, nous ne pourrions dire avoir encore remarqué, dans leurs actes, rien qui justifie, de notre part, un pareil abandon. Tant de traités rompus, tant de paroles violées depuis trente ans, sont bien faits pour motiver une sage réserve; et si nous avions l'honneur de stipuler dans l'auguste et prochaine réunion d'Eimbach, tout persuadé que nous soyons d'avance de l'esprit de loyauté qui la dirigera, nous ne serions pas fâchés d'avoir, derrière nous, deux ou trois cent mille hommes bien armés et bien disciplinés, afin de donner un peu plus de poids aux notes de nos ambassadeurs. Ces notes, pour avoir tout leur mérite, doivent sentir quelque peu l'odeur de la giberne, car il ne saurait exister de diplomatie sans armée. Il semblerait que nous ayons voulu nous ménager l'excuse de n'avoir ni l'une ni l'autre. Le budget de 1820 ne nous apprend pas que ce soit par économie. Celui de 1821 révèlera probablement le secret de cette conduite, en nous exemptant en totalité de cette double dépense ; car, lorsque nous ne mettons pas sur pied un nombre d'hommes égal à celui, dont dispose une puissance du second ordre, autant vaut s'épargner des frais sans but et sans résultat. Que si l'on pensait autrement, ce serait montrer une grande confiance dans l'habileté de nos diplomates à toucher la corde du pathétique ; car c'est là certainement ce à quoi ils seront réduits, dans quatre cours de souverains qui, au premier signal, pourraient faire mouvoir un effectif de près de deux millions de baïonnettes. Nous ne nous étendrons pas beaucoup sur cet article ; nous n'en avons pas le droit. Obligés de nous renfermer dans des notions générales, les seules qu'il nous soit possible d'aborder; nous chercherons pourquoi nous n'avons pas d'armée, pourquoi nous n'en voulons pas, et par quel motif nous repoussons les beaux débris que nous offrait l'ancienne. Nous nous demanderons s'il ne serait pas d'une saine politique de les utiliser, c'est-à-dire, d'agir en sens absolument inverse du parti auquel on s'est arrêté, et enfin nous essaierons de déterminer si ce que nous avons de forces disponibles, ce que l'on nomme improprement *l'armée*, est susceptible de répondre aux vues qui ont déterminé son organisation présente. Nous serons succincts; nous n'entrerons dans aucuns détails techniques ou d'administration militaire; nous n'aurons pas la hardiesse d'examiner pourquoi, au milieu de nos détresses, tel homme palpe, dans divers traitemens cumulés, assez d'or pour substanter d'une année à l'autre un millier de soldats; nous ne particulariserons rien sur le service des différentes armes, sur leur plus ou moins d'importance, nous l'avons déjà dit : nous avons le malheur d'ignorer ce que nous n'avons pas été dans le cas d'apprendre; nous prierons même les gens du métier de nous excuser si, sortant d'un domaine qui ne s'agrandit que trop devant nous, nous portons nos pas sur un autre terrain où eux-mêmes ont laissé des traces si brillantes. Il entrait dans notre plan de prouver que l'armée est hors de notre régime constitutionnel, comme toutes les autres parties du service public, et nous avons écrit ce chapitre. Il appartient aux Foy, aux Sébastiani, aux Grenier, aux Lamarque et à plusieurs autres vaillans capitaines, aux loisirs desquels le gouvernement a soin de laisser une vaste latitude, de porter un regard scrutateur sur un art qu'ils ont illustré. Qu'ils parlent, et le silence sera notre ordre du jour!

Quoique nous ayons un intérêt d'amour-propre à être précis, il convient, dans cette matière, de prendre les choses d'un peu haut. On sent que c'est sa partie morale à laquelle nous avons dû nous attacher; celle-là était la seule qui fût accessible à l'ensemble de nos lecteurs, et par conséquent à nous-mêmes.

Nous ne jugerons ni ce qui a précédé ni ce qui a suivi le 20 mars. Nous croyons que l'armée a eu des torts, et même des torts graves, mais qu'on ne lui en a pas laissé l'initiative; la parole royale en fait foi. Il n'en pouvait être autrement : les torts des masses ne sont jamais que des effets ou des conséquences. Se rendant à des conseils aussi peu réfléchis que ceux donnés à Marie-Louise, le Roi avait quitté la France: la France fut à Waterloo. Il n'y a pas de sermens qui puissent obliger un peuple à attendre patiemment une invasion;

car alors il n'existerait chez lui rien de ce qui appartient à l'être en société, l'amour du pays, l'amour des femmes et des enfans. Chose inouïe, véritable anomalie automatique! Il ne lui resterait pas seulement l'instinct de l'égoïsme! La contrée qui nourrit un tel peuple, s'il est quelque part, ne porte que des cadavres; il est plus que temps de creuser la fosse pour lui rendre cette pourriture assimilante : dites que la terre appelle à grands cris d'autres habitans, et vous ne vous tromperez pas! Notre pensée approuve donc sans réserve la résistance qui fut opposée au vainqueur. Le seul tort qu'elle ait eu à nos yeux est de n'avoir été ni assez générale ni assez opiniâtre.

« Vous ne vouliez donc plus des Bourbons », nous objectera-t-on! Cette demande tombe ici comme un incident dans une grande catastrophe. Quoi! nous sommes au milieu d'une inondation ou d'un incendie; le flot va m'atteindre, ou bien la lave est prête à me dévorer, avec tout ce qui m'attache à la vie, et vous voulez me faire disserter sur des dogmes politiques! Je ne vous entends plus; je cours où la loi de nature me réclame. Je suis homme avant d'être sujet d'un royaume ou citoyen d'un état libre. Vous me trouverez quand le péril sera passé; vous saurez alors si je suis wigh ou tory; jusque-là, attendez ou dissertez tout seul.

Eh! plût à Dieu que nous eussions été à même de rappeler ainsi les Bourbons, de dire au respectable Louis XVI : « Asseyez-vous sur le trône de vos pères, nous l'avons maintenu digne de vous! » Généreuse nation espagnole, c'est là ce que vous avez fait. Nous vous avions mal jugée : nous nous rétractons, nous nous humilions devant vous. Cet hommage est quelque chose; c'est celui d'un peuple qui vous eût vaincue, si vous aviez été à vaincre!

Paris se trouva placé entre la victoire et la défaite; Paris s'ouvrit devant la première : nouveau Jephté, il prépara l'immolation en-dehors des murailles; mais il ne déchira pas ses vêtemens. Les dames du faubourg Saint-Germain, pavoisées à leurs croisées devant le feld-maréchal Blucher, agitèrent leurs blancs mouchoirs; ils auraient dû être trempés de larmes. Que convenait-il de faire des débris de ces quatorze armées avec lesquelles on avait dicté la loi à l'Europe, et qui venaient demander à la patrie s'il fallait achever de mériter, pour elle, la belle inscription dont les premières paroles avaient été jetées au Mont-Saint-Jean? L'adopter et lui dire : « Datons de Waterloo; il rappellera à jamais que notre désunion nous a coûté assez cher. »

Disloquée, licenciée, dispersée comme les ossemens d'un grand géant, cette armée alla attester dans les provinces les triomphes passés et les revers du jour. Ses enfans, les moins maltraités de la tempête, se crurent un droit d'asile dans l'organisation nouvelle. L'intérêt de tous voulait qu'ils l'obtinssent, car le mécontentement des ames fortes est une cendre brûlante qu'il ne faut pas répandre sur la surface des états : l'intérêt de l'indépendance nationale voulait aussi qu'on eût quelque chose à présenter à l'ennemi en cas de négociation ou de rupture; car ce n'est pas vivre que d'être toujours menacé; ce n'est pas régner que d'attendre le mot d'ordre, quand on peut le donner. Le général Dessoles, comme ministre des affaires étrangères, demandait à appuyer la parole royale avec fermeté. Pour cela, il fallait, sinon se mettre de niveau avec les forces continentales de l'Europe, se mettre en état de résister à une première agression. La loi du recrutement, à laquelle le maréchal Gouvion-Saint-Cyr venait de donner la vie, offrait les moyens d'atteindre ce but.

Le plan de ce digne ministre de la guerre, quoique simple dans son vaste ensemble, conciliait tout, et l'économie qui nous dictait ses sévères lois, et l'honneur du pays qui n'a pas moins le droit de se faire entendre. Il créait une force nouvelle; il utilisait les élémens épars de l'ancienne; il montrait à la France, dans une perspective peu reculée, une armée active de deux cent mille hommes, une belle et imposante arrière-garde de cent mille, qui, suivant le mot très-français de M. le comte Decazes, au besoin, se fût transformée en avant-garde, et, par un système habilement combiné des congés accordés au premier effectif, tout en disposant de trois cent mille soldats aguerris, il n'en salariait réellement que deux cent mille. Derrière cette masse respectable, la garde citoyenne, bientôt organisée, eût achevé d'affermir le libre arbitre d'un peuple qui, pour avoir fait trop long-temps la loi, ne doit pas être condamné éternellement à la subir. Assez pour être maître chez soi, c'était trop peu pour conquérir. Le problème de l'alliance de l'honneur et de la justice était résolu.

Le *protocole*, dont nous avons donné connaissance, indiquait la nécessité de cette mesure. Favorable à la nation, celle-ci était également utile au monarque popularisé par elle, dans un pays qui aime qu'on le fasse parler noblement. N'osant attaquer de face le maréchal, les cabinets intriguèrent, et lui suscitèrent des dégoûts. Le côté gauche de la chambre, en l'inquiétant dans son budget, fit craindre qu'avec de grands talens il ne se connût pas plus en hommes qu'en conjonctures. Cependant tel était le seul moyen d'échapper à ces perpétuelles et insultantes menaces de l'étranger, que l'oligarchie française stimulait elle-même de ses notes secrètes.

Mettant les choses au pire, nous supposons que les puissances alliées, dans le dessein d'empêcher ce développement de nos forces bien naturel et par conséquent bien légitime (car tout état militaire exagéré d'un peuple, comme présentement celui de la Prusse, par ce seul fait, est une déclaration de guerre envers les autres); nous supposons, dis-je, que ces puissances eussent entamé des hostilités : nous croyons fermement alors que, sauf cette douleur philantropique à laquelle il appartient de verser de saintes larmes sur des lauriers toujours teints de sang, il n'est pas de cœur français qui n'eût palpité de joie au simple bruit d'une guerre ordonnée par un Bourbon, dans l'intérêt de l'indépendance nationale. Je dis plus : la question (si à force d'imprudences on a réussi à en élever une) eût été à jamais jugée au bénéfice de la race régnante; je vais plus loin : je ne sais si, ministre de celle-ci, je n'eusse pas cru bien mériter d'elle, en amenant les choses à cet état de rupture; car, de manière ou d'autre, avec les principes adoptés par les cabinets, il faudra bien qu'il finisse par avoir lieu, et, si tant est que l'on brûle bientôt quelques amorces en Europe, il est bon que les petits-fils de Henri IV en aient l'honneur en soutenant les droits du pays! Mais je le répète, ce n'est pas une guerre de cour, déclarée sous l'influence du privilége, gouvernée par lui, et dont il soit le chef, que je semble invoquer, car ce serait le vrai moyen d'être battu que j'indiquerais; c'est une guerre patriotique dont j'entends parler, une guerre constitutionnelle, où la nation soit vivement intéressée à laver de récentes injures, et je réponds du succès!

Où sont vos arsenaux, votre artillerie, vos places d'armes, vos soldats, me direz-vous? Je vous répondrai PARTOUT, quoique le ministère actuel ait bien pourvu à ce qu'ils ne soient NULLE PART. Vous êtes embarrassés de vos pièces de campagne; vous cherchez des canons et des mortiers; vous en aurez, vous en ferez, vous dis-je, la matière ne vous manquera pas. Qui doute que la menace une fois admise de la part de l'étranger, et la réponse digne sortie de la bouche royale, le riche ne vous apporte ses candelabres dorés, et le pauvre ses chandeliers de cuivre ou d'étain? A leur défaut, ne vous resterait-il pas le bronze des statues et des monumens publics? Armés d'une sainte indignation, si vous demandiez du métal à la colonne de la place Vendôme, j'atteste qu'elle ne vous en refuserait pas.

Et, en commençant la démolition par la partie supérieure du fût, je jure, par les mânes révérés des vainqueurs d'Ulm et d'Austerlitz, que vous ne seriez pas descendus à la cinquième spirale, sans que l'ennemi ne vous eût livré lui-même plus qu'il ne faudrait de matière pour les rétablir toutes!

Après le 20 mars, on eut une armée, on eut de la cavalerie, on eut un attirail de campagne; et cependant, Napoléon ne fit rien de ce qu'il fallait faire pour élever l'esprit public. Son génie s'était retiré de lui. Si au lieu de se traîner avec une déplorable individualité sur des sénatus-consultes récrépis, il avait dit: « Français, je ne » viens point régner, car je vous ai rendu vos » droits; mais je viens vous aider à défendre vos » foyers, vos femmes, vos enfans, votre belle et » malheureuse patrie, car tout cela est en péril. » Si je suis assez heureux pour retrouver avec » vous le chemin de la victoire, qui ne doit plus » être, pour nous, que celui de l'indépendance » nationale, ma conduite sera celle de l'un de » vos anciens monarques, avant la bataille de » Bouvines. La couronne sera déposée sur l'autel, » à côté du code de vos libertés, dont je confie » la rédaction à vos sages; ils l'adjugeront au » plus digne. »

Avec de pareilles paroles, on n'est pas vaincu.

Elles arment les buissons; elles transforment les bourgs en forteresses et les monticules en redoutes; elles donnent à l'invasion des journées terribles, et l'enveloppent de nuits mortelles. Mais non, l'auteur de l'acte additionnel répandit un souffle glacial sur le pays qu'il pouvait semer de charbons ardens et d'épées tranchantes; il entonna lui-même la première strophe de l'hymne funèbre de Waterloo.

Ces inspirations, que nous venons de jeter sur le papier, étaient tellement naturelles, qu'elles se fussent offertes à l'esprit du premier venu. Si elles avaient été suivies, si l'ennemi avait été repoussé avec perte, si le général vainqueur, comme un autre Judas Macchabée..., alors tendant la main à l'héritier de tant de rois, la France, maîtresse chez elle, réconciliée avec l'Europe, eût pris la seule attitude qui lui convienne, et eût échappé en même temps, à l'épouvantable malheur de la seconde invasion.

Mais est-il permis de feindre de beaux jours dans le passé, quand les présens sont mauvais; de rêver la gloire, quand on n'a eu que la défaite, et qu'elle pèse encore sur le pays? C'est l'humilité, c'est l'abjection sans termes que certaines gens nous ordonnent, pourvu qu'à l'abri de noms respectés ils commandent dans leurs sphères étroites. On ne veut pas que nous soyons forts contre l'étranger, de peur que nous ne le devenions pour les libertés publiques; on nous entourera d'épouvantails et de menaces, mais on ne les fera suivre d'aucun effet, parce qu'on sait bien que le jour où un Prussien, où un Anglais mettrait le pied sur le sol de la France, serait le jour du salut. Ainsi le régime diététique que l'on nous impose, tend plus à l'affaiblissement de notre tempérament qu'à en réveiller la vieille énergie. L'Europe est hérissée de soldats, et l'armée n'est qu'une garde royale chez une nation de trente millions d'hommes!

Ce système, offensif pour l'honneur, insultant pour le peuple, n'a rien qui puisse rassurer la monarchie au nom de laquelle on se permet de l'établir. C'est ce que nous essaierons de prouver.

Le doublement des légions a eu pour but évident de se débarrasser d'une partie des états-majors qui appartenaient à la vieille armée, jadis instrument d'une gloire qu'on ménagea pendant quelques années, et dont on repousse aujourd'hui jusqu'au souvenir (5). Connus d'abord comme contingens de leurs départemens respectifs, dans la première levée de trois cent mille hommes, les bataillons ont été ensuite enrégimentés sous de simples numéros d'ordre qu'ils ont consacrés, presque tous, par des actions d'éclat. Nous n'aimons pas les innovations, quand elles ne sont pas indispensables : dans le militaire, le changement des noms donnés aux divers corps a pour moindre inconvénient d'altérer les traditions. C'est le moyen le plus sûr d'anéantir l'esprit public d'une armée; c'est lui enlever ses souvenirs, et par conséquent son héritage d'honneur : peut-être était-ce ce que l'on voulait quand on a rendu aux légions leurs dénominations départementales, car autant eût valu ravir au régiment d'Auvergne son nom, que de priver le 46me ou le 51me de leurs immortels numéros. Quoi qu'il en soit, la chose était faite; les désignations de nos grandes divisions territoriales, appliquées aux légions, avaient aussi leurs avantages. On les a accusées d'exalter des rivalités dangereuses; ce reproche n'est pas fondé, car nous n'ignorons pas que les rixes, survenues entre divers corps, n'ont eu pour motifs que des opinions politiques auxquelles il est impossible qu'ils restent étrangers.

En affectant de donner par exclusion le nom de *royalistes* à certaines fractions de l'état, ou à certains corps civils ou militaires, ne redoute-t-on pas de semer des germes impérissables de discorde dans le champ de la société française, germes qui dévorent jusqu'au sol, qui appauvrissent tout ce qu'ils touchent? Rien ne croît sous leur fatal ombrage; ils tuent l'espérance en sa fleur, ils resserrent l'amour prêt à s'épanouir;

car la prédilection, en faveur de quelques-uns, est injurieuse pour tous, à moins qu'elle ne soit justifiée par des services, et que tous encore aient été appelés à les rendre. Certes, ce serait un abus de paroles que de nommer *service* l'acte par lequel un corps quelconque se porterait contre une réunion de citoyens, motivée ou non, dès qu'elle est sans moyens de défense; autrement on est bien réduit en faits d'armes, et nous habitons un pays où la gloire se gagne maintenant à bon marché.

C'est une maladresse insigne que de créer un centre particulier d'attraction à ce qui, au besoin, doit tout mettre en mouvement; de chercher, aux Bourbons, des ennemis d'opinion, quand généralement les hommes ne sont gouvernés que par des intérêts; et de leur ménager des défenseurs privilégiés, lorsque le privilége ne se montre plus que comme une hostilité, dont la haine publique fait toujours retomber la peine sur celui qui le donne ou celui qui l'accepte.

Autrefois, quand la cour absorbait tout, et que tout émanait de la cour, ses préférences, si elles étaient un objet d'envie, ne pouvaient lui porter aucun préjudice à elle-même. Comme le disait Louis XIV, le roi était l'état, l'état était le roi. Ce système, déjà changé dans l'opinion, l'est encore par le fait d'une représentation nationale; se dire exclusivement au Roi, c'est n'être pas à la nation, surtout dans des jours où celle-ci, à peine adolescente et passablement inquiétée dans ce qu'elle a de plus cher, ne peut que se montrer ombrageuse. N'arguez pas de Napoléon; il n'y avait alors qu'une seule force, et elle avait fait taire celle de la vieille oligarchie, en se disant fille aînée de la révolution : sans quoi, malgré ses conquêtes et ses triomphes, elle eût bientôt elle-même cédé le champ de bataille. Gardez-vous de me porter à croire que la cause de la dynastie soit quelqu'autre chose que celle du peuple; car je veux dormir en paix sur mes libertés, quand le Roi veillera; si je veille, il doit également prétendre au repos. Qu'a-t-il à garder, lui? Rien, il est Roi. La confiance des peuples est donc l'oreiller le plus souple sur lequel il puisse incliner sa tête; celui des baïonnettes serait de fer. Y recourir serait même le plus déplorable calcul pour le pouvoir. Ou les bras auxquels elles sont emmanchées, sont gouvernés par des cerveaux qui ne sont pas étrangers à des pensées d'honneur et à une certaine instruction, ou il n'en est rien : dans le premier cas, le soldat vous échappe si vous voulez le transformer en instrument servile d'oppression; dans le second, on fait ce que vous avez fait, on l'achète, on le gagne, on l'entoure de séductions et d'entraînemens. Pour être bien avec vous, il ne voudra pas être mal avec tout le monde; pour avoir votre sourire quand vous passerez devant sa guérite, il ne voudra pas être haï de la ville de sa résidence; s'il n'a des concitoyens, il a des habitudes; si vous lui avez donné les moyens de beaucoup accorder à ses passions, ce n'est ni avec vous, ni avec les vôtres qu'il pourra les satisfaire.

Voyez quel fut le sort de Richard II, qui avait compté sur des ressources de cette nature! L'histoire vous l'apprendra, l'histoire est inexorable; faite par vos devanciers, comme vous la faites aujourd'hui pour vos arrière-neveux, dans son équité sévère, elle n'ôte ni ne donne à personne; se bornant à rendre à chacun ce qui lui appartient, elle trace souvent avec le passé la ligne inflexible de l'avenir. C'est le *Moniteur* des peuples et des rois. Ouvrez Bolingbrock: il vous dira que Richard fut une triste victime de sa propre présomption. Son parlement et ses armées lui manquèrent à la fois. Celles-ci lui étaient acquises par les faveurs les plus signalées. L'une, commandée par lui-même en personne, en Irlande, se jeta dans une défection complète; vainement le duc d'Yorck, à la tête de la seconde, en Angleterre, s'efforça-t-il de la maintenir dans un état d'obéissance; et le comte de Salisbury ne fut pas plus heureux auprès de la troisième, dont le généralat lui fut confié (6): toutes les trois mirent bas les armes devant leurs concitoyens. C'est une terrible chose que de frapper sur le peuple! la main tendue contre lui sèche bientôt, et se paralyse. Le sort de ce malheureux prince, réduit à signer sa propre abdication, n'a rien qui doive surprendre. Tout emploi de la force militaire dans l'intérieur est un symptôme de mort pour le pouvoir, ou de dissolution pour l'état. Ainsi, dans les maladies nerveuses et dans les grands ébranlemens donnés à notre machine, les forces de l'homme tournent contre l'homme même; c'est alors que l'autorité dépense son capital : comme le malade imprudent, elle ne cesse de recourir aux toniques; comme lui, elle succombe sous les coups de l'action excitante qu'elle invoque.

Sans l'armée française, le nouveau régime n'existerait pas. C'est l'armée qui a forcé l'Europe à le pardonner et à l'absoudre; c'est l'armée qui, aux jours du délire, a ouvert ses tentes à l'honneur, et a jeté ses drapeaux victorieux sur nos honteuses nudités; c'est elle qui, au profit de la révolution, juste dans ses principes, odieuse dans quelques-uns de ses moyens, comme le sont toutes les révolutions, a sommé les puissances continentales de nous signer un bill d'indemnité sur les champs de bataille. Sans l'armée, avec quoi nous présenterions-nous dans les âges futurs? Il est certain qu'éclairés par les lumières du siècle, nos yeux se sont ouverts sur de nouvelles combinaisons sociales; mais c'est l'armée qui nous a permis d'attendre le brillant éclat d'une aurore, dont nous n'avions encore entrevu que le crépuscule : elle a arrêté la fougue de l'Europe conjurée contre nous; elle a brisé, comme une verge, la colère des princes, qui accouraient déjà au partage de notre dépouille; sans elle, nous tombions épuisés de tentatives infructueuses, triste objet de dérision pour autrui et de pitié pour nous-mêmes. Respectons l'armée dans sa chute et jusque dans ses erreurs; car c'est par elle que nous sommes éminemment Français, et que les Bourbons commandent à un peuple, là, où sans sa vaillance, il n'y aurait rien. Le colosse est renversé; les débris en sont épars. Pareils à la statue de Memnon, ils rendent encore des sons mélodieux ; ceux-ci sont mélancoliques comme le chant du brave blessé sur une terre lointaine; ils attristent l'ame, mais ils plaisent à l'ami de la patrie.

Si nos guerriers n'ont point importé chez nous le gouvernement représentatif, c'est au moins à l'ombre de leurs lauriers qu'il a pris racine. Quelques-uns l'ont trop oublié; il en est qui, infidèles a eux-mêmes, défendent aujourd'hui ce qu'ils ont jadis attaqué, et ne craignent pas de porter des coups mortels à la cause qui a eu les prémices de leur sang et de leur valeur. Déplorable égarement de la raison, même de l'intérêt! N'aperçoivent-ils pas, comme le grand Condé, la muse austère de l'histoire toute prête à déchirer les feuillets où sont inscrits les actes que désavoue la patrie? Qu'ils regardent leurs cicatrices, leurs jambes inégales, celle de leurs manches qui bat à vide, et qu'ils disent s'ils ont accepté cela pour le privilége! Comment les paierait-il? sera-ce avec des cordons? Je vois avec plaisir un ruban sur la poitrine d'un soldat; mais les brochettes de croix m'effraient, et je tremble d'arrêter mes yeux sur un intrigant, car les jeux terribles et utiles de la valeur ne doivent pas ressembler à des jeux de bagues. Est-ce avec de l'or qee l'on croira récompenser un officier français de sa défection? L'honneur marche avant; les besoins de l'homme de bien sont bornés comme ses jours; la tombe est là, et il est beau de lui léguer un nom sans reproche. Les convois funèbres se multiplient; ils appellent de moment en moment ce que le fer ennemi avait épargné; le char funèbre a eu à s'arrêter à la porte des conseils du prince; la feuille du matin a cité des noms; mais le pouvoir s'en était emparé, et le silence les a escortés vers l'oubli. Leur trace n'est déjà plus; un brave, un héros avait rempli la terre du bruit de ses exploits; il n'a fait que paraître un instant dans les rangs ennemis : la France a jeté sur lui un regard irrité, et le buste du vainqueur de Hohœlleinden, repoussé de sa ville natale, n'a pas trouvé un asile dans sa propre patrie.

Guerriers qui me lisez, voilà de grandes leçons! Je vous les devais dans votre intérêt, dans l'intérêt du pays pour lequel vous avez tout fait, et celui du prince lui-même. Il n'est que trop vrai qu'auprès d'une certaine classe d'hommes on ne crée pas une protection à nos vieux militaires, en les lui présentant comme les soutiens d'un système constitutionnel; mais les amis éclairés du pouvoir légitime seront d'un autre avis : ils béniront le ciel d'avoir permis que le succès de nos armes, même quand elles ont été momentanément oppressives pour les pays vaincus, aient enfin mis un terme à la longue anarchie de l'Europe. Nous prierons ceux que cette assertion étonne de parcourir les annales des peuples connus comme appartenant d'une manière spéciale à l'histoire moderne; nous leur dirons : « Prenez et lisez! » Ils conviendront avec nous que, parmi les grands malheurs qui ont pesé sur le genre humain depuis dix-huit siècles, ce sont les renversemens des trônes, les usurpations, les changemens de dynasties, les excommunications des peuples et des rois prononcées par les pontifes, les croisades, la dégradation des princes tonsurés et renfermés dans des cloîtres, les royaumes jetés en interdit, les guerres civiles, telles que celle de la ligue; les fameux massacres, tels que ceux de septembre, des Vêpres siciliennes et de la Saint-Barthélemy; les usurpations du clergé et de la noblesse, l'inquisition espagnole et portugaise, les tribunaux de sang de Paris et de Venise, les dragonnades à la suite de la révocation de l'édit de Nantes, et les banqueroutes publiques, qui tiennent la première place. Eh bien! il est permis d'affirmer que la presque totalité de ces terribles faits historiques, qui, venant frapper la terre à des intervalles très-rapprochés, l'ont couverte d'un crêpe de deuil, n'eût pas eu lieu dans des gouvernemens régulièrement constitués; je dis régulièrement constitués, car notre république de sinistre mémoire, même celles de Gênes et de Venise, n'ont pas plus offert quelque chose de pareil, que la loi du mois de juin dernier ne nous le donne. Si le véritable gouvernement représentatif heurte les projets ambitieux d'un petit nombre d'hommes, il faut reconnaitre au moins qu'il est le plus propre à préserver les rois et les nations de ces épouvantables cataclysmes, au milieu desquels on est tout surpris de voir encore surnager les empires.

Sous ce rapport, la France doit quelque reconnaissance à son armée, et l'Europe elle-même n'est pas quitte envers elle. En ce qui nous incombe, cette dette est-elle payée? Nous avons lieu d'en douter, à moins qu'on n'imagine l'avoir soldée en rejets dans la non-activité, en passe-droits, en destitutions qui, contre les usages, n'ont été précédées d'aucun jugement militaire; en mises en surveillance sur le sol même qu'on a protégé pendant trente années révolues, et en préférences vendéennes. La loi si nationale de l'avancement est partout éludée par la multiplication des écoles spéciales, où les enfans des anciens privilégiés se forment aux sous-lieutenances. La plupart des bas-officiers, désespérant d'atteindre à celles-ci, rentrent dans leurs foyers; c'est ce que l'on souhaite, et tout cela tient à un système qui pèche évidemment par ses bases, puisqu'il tend à gouverner la nation sans la nation même. Ni le Roi, ni ses augustes frère et neveux, ne peuvent vouloir rien de pareil. Je ne sais pas ce qu'ils y gagneraient, et je sais ce qu'ils y perdraient. Le rétablissement du trône n'est point une conquête du privilége. Événement imprévu, quoique sans doute arrêté dans les décrets du ciel, mais dont la soudaineté a dû déconcerter tous les calculs de notre faible intelligence, au milieu des ambitions diverses qui, de l'œil, dévoraient nos lambeaux, il était peut-être le seul fait propre à clore avec bonheur notre révolution, si on avait su le bien conduire. Pour cela, il fallait se persuader, en premier lieu, que n'étant l'ouvrage de personne, il n'appartenait exclusivement à personne, et que, par conséquent, personne n'avait le droit de le travailler à son profit. Voilà le malheur des restaurations : on en fait des propriétés individuelles et patrimoniales, quand il faudrait n'y voir que des propriétés essentiellement nationales. Cependant, pour qu'elles tiennent, pour que le rapprochement du peuple et de la dynastie soit suivi d'une adhérence, cette condition est de rigueur. Qu'on nous laisse achever notre pensée : certes, nous respectons *la fidélité ;* mais lorsqu'en son nom on demande tout, on enlève tout ; nous nous permettrons de remarquer qu'elle serait de bien fraîche date pour plusieurs de ceux qui figurent dans ses rangs, et que, quant aux autres, si elle n'a été une simple manière d'être, déduite de l'initiative prise primitivement par eux, en faveur de leurs propres intérêts, elle a souffert au moins d'assez fortes lacunes ; ce qui est encore tout simple ; la poursuite de ce qui a cessé d'appartenir à l'ordre des probabilités étant la chose la plus improbable et la plus incompréhensible de sa nature.

Nous avons tenu parole. Dans notre manière d'envisager les grandes questions relatives à la vieille et à la nouvelle armée, nous n'avons eu que des aperçus moraux. Nous invitons le lecteur à les apprécier : il jugera si le ministère actuel est bien sage de déshériter la première, et de lui dire qu'elle n'est plus rien et qu'elle ne sera plus rien. Quant à nous, au milieu des périls qui nous environnent, il nous semble voir un insensé qui, au sein d'une forêt, briserait sa propre épée. Le zèle de la contre-révolution a pu seul désarmer les bras avec lesquels la révolution a été faite ; car il est hors de doute que toutes les deux sont en présence.

CHAPITRE IV.

Du Gouvernement intérieur.

« VOYEZ, disent et font écrire MM. les ministres, » l'absurdité ou la mauvaise foi des libéraux, quand » ils ont à la bouche le mot de contre-révolution! » Qui y songe? qui parle d'attaquer la vente des » propriétés nationales? qui oserait vous mena- » cer du retour de la dîme et des droits féodaux? » Le Roi maintiendra la Charte. Les ennemis de » la tranquillité publique seuls se permettraient » un autre langage. »

Après cette belle exclamation, on tient les libéraux pour battus, et l'on va son train, bien assurés qu'on est exempt de reproches, dès qu'on n'autorise pas les anciens propriétaires à rentrer dans leurs domaines, les curés dans leurs dîmes, et les seigneurs dans leurs droits féodaux. J'ai admiré la force d'un tel raisonnement, prodigué dans le *Moniteur*, comme il l'a été à la tribune par MM. Pasquier et Siméon. D'un mot nous pourrions le faire tomber, si ce qui est à ras de terre était sujet à une chute, et nous demanderions volontiers si, après avoir rencontré de nuit un malfaiteur dans une chambre, où il s'est introduit par ruse ou effraction, il faudrait attendre qu'il vous eût porté les derniers coups, pour dire que vous avez été en péril ! Il est certain que, si jamais les ventes nationales étaient attaquées ouvertement et les dîmes exigées la sentence du juge à la main, il serait un peu trop tard pour se plaindre. Au reste, on sait que certains droits de vigne, abolis par la révolution, ont été réclamés dans la Vendée ; et quand nous parlerons de l'état de l'église de France, nous aurons encore quelque chose d'assez décisif à dire sur l'autre objet : mais ce n'est pas cela dont il s'agit pour le moment, quoiqu'on soit bien aise de donner à entendre le contraire.

Confondre la révolution avec certains actes de la révolution est une maladresse de quelques-uns de ses plus honnêtes amis, et une adresse très-subtile de presque tous ses ennemis.

La révolution n'est ni dans la suppression de la dîme et des droits féodaux, ni dans la vente des biens de la couronne, de l'église et des émigrés. Le premier de ces deux actes fut une conséquence, le second un accident né de la résistance, et qui par cela même s'est transformé en moyen. Voilà tout ; mais je le répète, la révolution n'est pas là.

Cependant il est bon, une fois pour toutes, d'apurer le chapitre des ventes nationales. C'est un article délicat, et le meilleur moyen de traiter tous ceux qui lui ressemblent, est, à mon avis, contre l'opinion commune, de les attaquer avec franchise. Il est naturel que l'homme qui a été dépossédé, se plaigne; puis, qu'il veuille une indemnité; que quand il ne l'a pas obtenue, il tourne un œil de regret vers les champs qui lui appartinrent, et de mécontentement sur celui qui les occupe; il est même naturel qu'il s'en ressaisisse s'il tourne la force de son côté.

D'une autre part, il existe aussi sur la surface de la France quelques millions d'acquéreurs de domaines nationaux. Nous en rencontrons tous les jours sous nos pas; ils peuplent la société; ils habitent, ils contractent, ils vivent avec nous: ce serait grand dommage qu'ils ne fussent que des brigands, en leur qualité d'acquéreurs primitifs, ou des hommes sans délicatesse et sans probité, comme détenteurs d'une propriété usurpée. C'est une question qu'il est bon de mettre hors du doute. Le repos des familles le veut; l'honneur le demande, et la morale publique gémit dans l'attente d'une solution définitive; car je soutiens que, mal éclairé sur la nature de ses droits, tel homme qui, à la suite de ce qu'il aurait entendu ou lu, de ce que sa femme lui aurait rapporté au retour de l'office divin, aurait la conscience troublée sur le fait de son acquisition, ou arriverait à la croire illégitime, serait bientôt un être démoralisé, s'il tardait à se dessaisir de ce que sa propre conscience lui dispute. Oui, s'il n'abandonne pas ce verger qu'il a déjà replanté, cette maison qu'il a rebâtie, je le tiens pour un fripon.

Je commence par poser en principe que la société a le droit de régler, comme elle l'entend, le mode de possession des biens, même contre l'ordre naturel d'hérédité, ce qui est pourtant une dérogeance à la justice abstraite; et je le prouve en disant que j'appartiens à une province où, par une bizarrerie extraordinaire, dans la roture d'un petit canton, le dernier-né non-seulement était censé posséder tout, mais par sa mort obligeait encore sa famille à se rédimer au profit du seigneur, tandis que dans les maisons nobles du même arrondissement, l'aîné s'emparait de tout ou à peu près. Telles étaient les lois qui régissaient la chaumière et le château à cent pas de distance. Or, je demande si rien put être jamais imaginé de plus révoltant. Toutefois, il n'est pas moins vrai que, dans le premier cas, un aîné eût été répréhensible de soustraire un sillon à son cadet, et dans l'autre, un cadet de dérober à son aîné la plus mince portion de l'héritage du père commun; je prétends même qu'il n'est pas d'ecclésiastique éclairé qui, placé entre Dieu et son pénitent, eût adopté une autre doctrine.

Si la société a le droit de se gouverner par un réglement aussi peu conforme au sens commun et de lui concilier encore une sanction religieuse, elle a bien plus le droit de veiller à sa propre conservation, quand elle est menacée; de révoquer les garanties qu'elle a données, les concessions quelle à faites; d'appeler à son secours tous ses membres présens ou absens; de les sommer de comparaître, de leur enjoindre sous telles peines de la servir, ou au moins de ne pas se joindre à ses ennemis. Vous m'opposez qu'il y a dissidence : j'admets votre objection, puisqu'il faut commencer par savoir où est la patrie. Mais dans cette dissidence, causée nécessairement par des intérêts, vous conviendrez qu'il est rare qu'il n'y ait pas un grand et un petit nombre, des prétentions fondées et des prétentions folles; car telle est l'espèce dans laquelle nous raisonnons. Si vous appartenez au plus petit nombre, et que l'autre, éclairé enfin sur des intérêts qui, dès qu'ils sont réclamés et reconnus en corps de nation, deviennent des droits, les prescriptions n'étant jamais admises en pareille matière, que ne cédez vous? Pourquoi, par exemple, défendriez vous à toute une famille de ne plus vouloir être dépouillée par un dernier ou par un premier-né? car il faut toujours simplifier les questions de cette nature.

Je poursuis : non-seulement vous vous abstenez de prendre part à la délibération, ainsi que le firent la noblesse et le haut clergé de Bretagne, en refusant d'envoyer aux états-généraux leur contingent de près de cinquante députés, qui, dans certaines questions graves, eussent jeté un poids décisif dans la balance (notez que ceci, qui est bien un acte d'hostilité, eut lieu avant que les nobles eussent été insultés ou menacés dans leur domicile); mais vous abandonnez votre pays, vous partez avec le projet de revenir bientôt lui dicter des lois superbes.

L'étranger menace; on vous l'impute : vous connaissez les mesures prises contre vos propriétés; votre Roi, délaissé de ses plus fidèles serviteurs (car vous aspirez tous à ce titre), sent son péril; il vous rappelle par l'organe de son ministre des relations extérieures, M. le comte de Saint-Priest; *il vous demande votre retour comme ami, il vous l'ordonne comme maître*; vous n'en tenez compte. Prenez garde que, si vous alléguez des ordres privés et contradictoires, vous fournissez une pièce matérielle à un grand procès, qui sans doute a été terminé par un grand crime! Non, vous n'agiterez pas la cendre de la victime par un mensonge!

Sourds à ces prières, sourds à la voix de la patrie et à ses menaces, vous lui suscitez une guerre, guerre terrible s'il en fut jamais! La main déjà sur vos châteaux, sur vos champs, voulant vous épargner un parricide, elle vous fait une dernière sommation, et vous lui répondez par un cri de vengeance.

Voilà toute votre histoire; je sais qu'il faut y faire une juste part à une vanité présomptueuse, à l'entraînement et à votre propre légèreté; mais qui doit en supporter la peine? est-ce vous? est-ce nous? Mettez-vous un instant à la place de vos adversaires dans nos troubles civils; supposez qu'avec le désir de changer la la forme du gouvernement que vous introduisez dans l'état, et qui n'existait point il n'y a pas encore deux années révolues, ils allassent aujourd'hui vous chercher des ennemis en Espagne, en Portugal, en Suisse et dans les Deux-Siciles; que pour résister à cette coalition, vous eussiez mis à l'encan les biens de ces agitateurs; que vaincus par vous, avec leurs auxiliaires, dans plus de trente batailles rangées, ils vous suppliassent de leur accorder encore les douceurs du pays natal, pensez-vous que les propriétés qu'ils ne retrouveraient plus, auraient été injustement aliénées? Croyez-vous que les nouveaux possesseurs en fussent encore comptables devant

Dieu et devant les hommes? Croyez-vous qu'on fût bien venu à leur dire qu'ils sont des spoliateurs, pâture obligée du remords; à le proclamer devant les tribunaux; à le répéter dans les feuilles publiques; à l'insinuer au moins dans des confidences sacramentelles, et à fortifier de pareils discours de toute l'autorité de la parole sainte, en cela indignement compromise, car c'est un grand tort que d'altérer les notions du juste et de l'injuste dans l'esprit des simples? Nous n'aurons garde de vous obliger à réprimer un pareil langage, puisque la nation n'émigrera pas, et c'est elle qui est malheureusement réduite à l'entendre de votre bouche!

Elle a séquestré, vendu, donné, si vous le voulez, vos biens, et vous l'avez mise dans une telle position que, si elle avait eu autant d'intérêt à les donner qu'à les vendre, elle eût pu, elle eût dû le faire. Eh! n'avez-vous pas livré la fortune publique pour vous assurer des amis? Le duc de Feltre, à cet effet, n'a-t-il pas outrepassé son budget de plus de quatre-vingt millions, dont moitié en numéraire est sortie, pour vous, des coffres de l'état, tandis que l'autre moitié, imputable sur l'arriéré, a été convertie, par lui, en valeur effective?

C'est une grande question que celle des domaines nationaux; tout s'y rattache actuellement:

il faut la vider pour le droit et pour la conscience, dont l'autorité prend le pas sur celle du droit.

Les biens des templiers ont été vendus; qui a réclamé ? les biens des jésuites; qui s'est plaint, si ce n'est eux ? Ceux des protestans ont été confisqués; tout le crime de leurs infortunés propriétaires était pourtant dans leurs opinions religieuses; qui de vous, ou de vos pères, a murmuré ? Serait-ce par hasard la maison de Luines ou celles de Polignac et de Lamoignon ? Cela m'étonnerait, car elles ont concouru au jugement; elles ont prononcé la peine; elles ont veillé à l'exécution; elles ont accepté, dans leur héritage, la dépouille des condamnés. La seule différence qu'il y ait entre les deux espèces controversées, c'est que, dans l'une, la patrie menacée d'envahissement a parlé, et le Roi, avec son seul bon plaisir, dans l'autre.

Je n'en tiens pas moins toutes ces ventes ou confiscations pour légales, même celles dont j'infirme l'équité, car elles se consommaient sous la sanction de l'autorité du pays : il en a porté la peine. Ce n'est pas le système des compensations qu'il faut admettre dans l'histoire des peuples, c'est celui de la solidarité.

« Mais on nous égorgeait dans les prisons, on » brûlait nos manoirs; fallait-il périr sous les » combles embrasés de nos propres édifices ? »

Vous voyez que nous ne repoussons pas les objections ; nous ne vous disons pas qu'il n'y ait eu des crimes de commis, et par conséquent des périls extrêmes à courir : tout un peuple a été mis en irritation ; toutes les espérances, même celles des méchans, ont été déchaînées, en partie au moins par vos torts ; et vous voudriez que l'on vous eût répondu d'un doux repos ! Croyez-vous donc que nous ayons été sur des roses ? Comme Paul, n'avons-nous pas été garrottés et traînés en criminels à travers les villes ? N'avons-nous pas paru devant les monstres qui s'autorisaient contre nous de vos propres tentatives ? N'avons-nous pas peuplé les maisons d'arrêt, et leurs registres de sang vous diront si nous en sommes tous sortis ? Oui, il fallait rester. Qui sait si vous n'eussiez pas pu nous aider à arrêter le torrent fougueux de la révolution, ou à lui creuser plus tôt un lit ? Si cette possibilité était un moment admissible dans l'ordre de la Providence, vous auriez été bien conpables !

Au reste, seule au monde, la patrie a le droit d'avoir des torts ; elle a même le droit d'être injuste à ses périls et risques, comme nous venons de le dire : mais ni le tort ni l'injustice ne doivent retomber sur ceux qui n'ont fait que lui être soumis. Bien ou mal vendu par elle, votre champ devant Dieu est bien vendu pour celui qui l'a acheté. Socrate et Phocion furent condamnés par des juges iniques, et réprouvés par les lois d'Athènes; mais la sentence fut respectable aux yeux même des victimes qu'elle frappait, et aucune n'essaya de s'y soustraire, parce qu'elles crurent entendre la voix du pays même. Avec une autre doctrine, toute société serait impossible. Tout bien examiné, je crois que Rome, si elle ne fut injuste envers le vainqueur de Corioles, fut très-dure envers lui; quant à Camille, il se présente, à travers les siècles, comme un beau monument de la grandeur d'ame des premiers Romains, et un témoignage irrécusable de l'ingratitude publique. Prononcez entre ces deux hommes, et votre propre sentence sera sortie de votre bouche! L'un, dans sa colère, abandonnant sa ville natale, mais volontairement comme vous, alla lui chercher des ennemis; l'autre, chassé par elle, revint la défendre, tant il est vrai que la patrie veut toujours être pardonnée! Plaignons celui qui a une mauvaise patrie, car avec de l'honneur et de la vertu, il faudra bien qu'il la supporte. Malgré son double sens, je n'aime pas le proverbe latin : « *Ubi bene, ibi patria.* » C'est l'égoïsme et l'insensibilité qui ont dicté ces paroles. Celui qui les a conçues ou arrangées dans son froid cerveau, n'a donc jamais éprouvé les regrets que cause la patrie absente, les peines dont elle brise les cœurs quand elle est malheureuse ! Loin de ressembler à notre respectable monarque, qui, dans sa retraite (7), vivait encore avec nous, il ne se sera ni réjoui de nos succès ni affligé de nos revers ! Que ses jours aient été bons ou mauvais, quel est l'homme qui, après un voyage, aura pu se rapprocher sans émotion de ses foyers, et, comme le dit Homère, voir seulement monter vers le ciel la fumée de ses toitures ? Certes, Paris nous a fait bien du mal ; mais il a cela de particulier que je défie qui que ce soit, même après une simple promenade, de n'éprouver un charme indicible, en reportant ses pas dans cette belle capitale du monde civilisé, qu'habitent tant de savans heureux dans leur obscurité domestique, tant de femmes qui allient l'esprit à la raison et les grâces à la bonté ; tant d'artistes, tant d'hommes de lettres estimables et de gens de bien qui, par un contraste douloureux avec la situation du voyageur, ayant à la fois sous les yeux ce qu'ils aiment et ce qui les afflige, pleurent aujourd'hui la patrie présente ! J'avouerai, en ce qui me concerne, que ces sentimens ne parlent jamais chez moi, avec la même force, dans le pays de ma naissance, qu'après un éloignement beaucoup plus prolongé. Si je ne me trompe, à moins de quelque grand malheur, Paris, avant un siècle, aura francisé toute l'Europe. Blâmez mes digressions, je ne m'y oppose pas; nous allons rentrer dans le sujet.

Dans les troubles civils, vous me demanderez peut-être où est la patrie. J'avais prévu cette objection, et je n'aurai garde de l'éluder. C'est encore Camille, c'est cet illustre proscrit que je chargerai de la réponse.

Rome était au pouvoir des Gaulois. Déjà ce vieux guerrier, aidé de quelques alliés qu'il avait réunis autour de sa personne, inquiétait grandement l'ennemi. Plusieurs de ses compatriotes, échappés aux derniers désastres et au sac de la ville, commençaient à l'entourer; ramenés à la confiance par sa vertu, peut-être même par la nécessité des conjonctures, d'un commun accord, ils lui déférèrent le titre de général. Il en fallait un, et pouvaient-ils mieux faire que d'arrêter leur choix sur l'homme qui, au sein de l'exil, consacrait encore à la défense de la patrie, le bras qu'elle avait repoussé? Camille, dans sa propre pensée, n'était qu'un banni. Une telle nomination ne lui sembla pas légale, et il s'y refusa, jusqu'à ce que les faibles débris du sénat et du peuple assiégés dans le Capitole, qui était encore toute Rome à ses yeux, eussent validé cette élection. Un soldat traversa deux fois le Tibre à la nage pour chercher et rapporter cet ordre émané des ruines de la ville éternelle. Elle dut devenir bien puissante, la nation chez laquelle le ressentiment d'en être chassé cédait le pas à l'honneur de la servir, et celui-ci au devoir de lui être soumis ! Je ne sache pas de plus beau moment dans l'histoire des peuples: vous n'avez pas quitté le terrain des Thermopyles.

Si vous appartenez à la France, et si la France ne vous appartient pas, ne vous enquérez donc plus où est la patrie; car elle n'est ni au Japon, ni à Constantinople, ni à Londres, ni à Coblentz: ou bien quittez, avec vos frères et vos dieux exilés, le rivage de Troie; embarquez-vous sur votre flotte avec les vainqueurs de Salamine; fuyez vos murs embrasés en tenant par la main vos femmes et vos enfans, comme les Parganiotes, et tournez encore un regard douloureux vers les champs qui vous ont vus naître; car, croyez-moi, le temple aura beau n'être qu'un amas de débris, il y restera toujours un souvenir de la divinité.

Cessez de revendiquer la propriété échappée de vos mains; vos droits ont fait place à d'autres droits non moins légitimes que les précédents. C'est une chance que vous avez courue; vaincus, fléchissez sous la loi du sort, et n'ayez pas les prétentions de la victoire. Nous le souhaitons, nous le désirons : réparez vos pertes. Où le sol vous reste, donnez un abri à vos Pénates. Nous consentons qu'ils relèvent leur front humilié, mais nous trouverions mauvais qu'ils voulussent le faire baisser aux nôtres. Quand vous avez redemandé à la terre de vos aïeux des murailles d'un aspect moins menaçant que vos donjons, quand vous n'avez pas aspiré à être plus qu'autrui, dites le, n'avez-vous pas vu vos compatriotes sourire à vos efforts et s'empresser d'apporter quelques matériaux à ce nouvel édifice de bonheur? Artistes, militaires, négocians, manufacturiers ou employés du gouvernement, lors même qu'il ne portait pas vos couleurs, dites si la bienveillance publique ne vous a pas partout accompagnés? Ne soyez que propriétaires nouveaux, et nos vœux sont à vous; propriétaires anciens, nous ne vous connaîssons plus! Il est bon, il est essentiel que l'on sache que la patrie a des moyens de répression contre ceux qui lui font du mal: humiliez-vous devant son autorité, et ne maudissez pas ses jugemens les plus rigoureux; car, pareille à la main du Seigneur, c'est elle qui a frappé, mais c'est elle aussi qui console.

Si l'on voulait savoir maintenant quels rapports cette discussion peut offrir avec le sujet qui nous occupe, nous répondrions hardiment qu'elle les comprend tous, et que, si nous avions possédé un talent propre à l'environner des jours vers lesquels depuis long-temps elle se dirige, nous eussions tracé dans les précédentes pages l'écrit le plus important qui, en matière politique, ait encore été placé sous les yeux d'un peuple.

Le gouvernement nous accuse de chercher à inspirer des craintes aux acquéreurs de domaines nationaux. Avec une malveillance que nous n'avons pas, nous nous réjouirions de le voir nous épargner ce soin en séparant, comme il ne cesse de le faire, le matériel du moral de la révolution, pour immoler ce dernier qui en est la seule garantie admissible. Etrange manière de raisonner en effet que de dire aux gens : « Vous êtes des mi-
» sérables saisis du bien d'autrui ; vous croyez
» avoir acheté, avoir contracté ; vous croyez,
» en bâtissant et en plantant, faire des actes de
» propriétaire : bien grande est votre erreur,
» car vous n'êtes que des brigands ! Toutefois,
» comme nous savons qu'il vous faut beaucoup
» d'or et peu d'honneur, nous consentons à vous
» laisser la dépouille dont vous vous êtes revêtus,
» mais à la condition expresse que vous vous re-
» connaîtrez pour ce que vous êtes, que vous
» confesserez n'avoir pas eu le droit de faire ce
» que vous avez fait, que vous le direz à vos en-
» fans, qu'à votre défaut, eux et vos femmes l'en-
» tendront de la bouche de vos pasteurs, et que

» nous le consignerons dans les annales du pays, » nous qui avons seuls le droit d'écrire l'histoire! » Gardez ce que vous avez pris au nom de la ré- » volution, mais sachez que la révolution est un » crime! »

Eh bien! moi je vais plus loin: je prétends que, s'il faut abandonner les principes éternels de l'égalité civile et de l'égalité légale sur lesquels est fondé le gouvernement représentatif, il faut abandonner le gouvernement représentatif lui-même; que le *matériel* et le *moral* de la chose sont indissolubles, et que, si on n'a pas eu le droit d'aliéner les domaines nationaux, il faut les RENDRE, ainsi que l'a prétendu un jurisconsulte dont j'honore le caractère, mais dont je répudie sans restriction la doctrine en cette matière de haut intérêt public. Je m'engage à soutenir, en droit naturel, civil, religieux et romain, devant tels auditeurs que l'on choisira, que ce genre de propriété (dont je n'ai pas une obole que personne puisse réclamer) est aussi bien acquis, et même mieux, que telle terre patrimoniale qu'il me serait facile de désigner, sans que la possession en soit aussi douce, surtout par le temps qui court, et c'est la seule concession que je m'oblige à faire.

Je crois à la solidité de cette nature d'immeubles, parce que j'en ai d'autres garans que le ministère actuel. Pense-t-on en effet qu'il n'y ait au monde que la voie légale ou la force pour évincer les possesseurs à titre national? Quand on aura dit à ce père de famille qui demande une recette ou un contrôle : « Allez vous arranger avec votre propriétaire, car c'est l'ancien seigneur de la paroisse, et comme il est un des plus imposés, il convient qu'on le consulte » ; à ce jeune homme qui postule une place de substitut ou de juge : « Vous serez tous les jours dans le cas d'opiner sur des questions pareilles ; par conséquent il faut que vous soyez désintéressé ; allez vous arranger avec votre propriétaire » ; à cet autre qui sollicite une sous-lieutenance : « Vous ignorez donc que l'état-major du régiment dans lequel vous voulez entrer se compose en majeure partie de fils d'anciens émigrés ; quelle figure y feriez-vous, si vous n'alliez vous arranger avec votre ancien propriétaire ? »

Mettez en ligne de compte des sujets de chagrins de mille espèces, quand l'esprit du gouvernement ne vous protège pas dans la ville de votre résidence. N'oubliez pas qu'une épouse douce et pieuse viendra vous obséder de terreurs qui ne seront pas son ouvrage, et que, dans les fêtes publiques, vous serez tous les deux repoussés, oubliés, ou évités comme des êtres atteints de contagion. Douleur à l'homme qui, tenant sous le bras le bras de sa compagne, ne peut lui donner une protection d'honneur et d'estime! Honte à lui, s'il ne repousse pas les outrages qui ont fait rougir le front de la mère de ses enfans!

Appelé dans certaines maisons, dans celles même où votre devoir vous prescrira de paraître à jours fixes, vous y recueillerez les derniers soupirs d'une conversation tout-à-coup tuée par votre présence. Je vous demande si, au milieu des déboires et des ignominies dont l'autorité vous laissera abreuver par son silence, quand elle sera assez bonne pour ne pas donner le signal de ces persécutions faites pour ronger la vie comme un cancer, je vous demande si vous ne rejeterez pas loin de vous cette prétendue dépouille, plus pernicieuse que la robe trempée dans le sang de Nessus. Vous vous en dégagerez, dussiez-vous n'avoir que du pain et de l'eau à laisser à vos enfans. Suite de ce système habilement calculé, la dépréciation de votre propriété vous obligera à la livrer à vil prix. Dès que les hommes qui ont pris intérêt à la révolution, ou qui ont un intérêt direct à la défendre, sont écartés des emplois publics, la société est dans une position fausse; elle n'est plus même qu'un contre-sens fait pour amener les malheurs les plus déplorables. Cette division des intérêts matériels et des intérêts moraux est une absurdité évidente ; c'est plus, c'est une flétrissure. Par elle, on marque d'un fer chaud la nation française ; il n'y manque que la main de l'exécuteur des hautes-œuvres.

Je crois que l'on trouvera que j'entre maintenant dans la matière. A présent que j'ai établi des principes, c'est le ministère qui va me conduire ; la route qu'il a faite est large et spacieuse. L'armée et les bagages y ont passé ; nous les suivrons à la trace.

« La loi du 5 février, dit-on, donnait des in-
» quiétudes à la monarchie ; il fallait changer
» au plutôt le système électoral, ou, par l'ar-
» rivée d'un quatrième cinquième dans la cham-
» bre, on était débordé. »

Cette assertion n'est qu'une erreur, et décèle chez ceux dans la bouche desquels elle se trouve, une ignorance profonde de la statistique de la chambre. C'était le côté gauche qui effrayait ! et ce côté gauche n'avait pour élémens que des négocians, des banquiers, des manufacturiers, des grands propriétaires, des magistrats, des préfets, des receveurs généraux et des gens de lettres, tous également amis de l'ordre, sans lequel il n'y a ni agriculture, ni commerce, ni lois, ni beaux-arts. Un très-petit nombre d'exaspérations ; malheureusement motivées, n'était pas fait pour jeter la terreur dans les esprits. Nous n'avons pas vu que des exaltations plus vives, parties du côté droit, aient inspiré autant d'alarmes; cependant, si la monarchie a des périls à craindre, c'est là où ils sont. Nous appartenons à une province qui, sur vingt députés, en fournissait quinze aux bancs de la gauche, et nous attestons qu'il n'en est pas un seul qui ne fût resté fidèle à son serment. Est-ce un crime que de ne pas séparer, dans sa volonté, ce que ce serment a uni? En ce cas, nous étions tous coupables; nous le serons tous encore. Nous savons ce que veulent ceux qui nous ont envoyés, et ceux-là ne sont pas une minorité dans l'état.

On feignit la crainte, on l'inspira pour emporter un changement radical. S'il n'en avait été ainsi, n'eût-il pas mieux valu recourir à une dissolution et à une convocation nouvelle, sous l'influence des procureurs généraux et des préfets (influence dont, certes, on ne sera plus tenté de contester la force), que de porter le pouvoir où il ne doit pas être, et que de deshériter, en un clin d'œil, la France constitutionnelle? Les conjonctures n'étaient-elles pas tristement favorables à l'action monarchique? Si on n'avait pas tué la douleur avec trop de maladresse, n'eût-il pas été permis d'en attendre un appui décisif? et le crime de Louvel ne parlait-il pas assez haut pour tout ce qui porte un cœur d'homme?

Qu'a-t-on fait au contraire? On a répondu aux désirs de ceux qui avaient juré la mort de deux lois, sentinelles avancées auxquelles l'esprit public, sous la protection du trône, venait de confier la garde de la Charte. L'une n'existe plus; l'autre ne donne plus aucun signe de vie. La noblesse de province est constituée en corporation positive; dotée d'une double représentation que M. Necker crut devoir accorder au tiers-état dans une seule chambre, elle remplit encore toute l'autre; de sorte qu'aujourd'hui, sans titre spécial, sans lois qui la reconstituent, la noblesse est partout et le peuple nulle part.

A bien dire, ce n'est pas au système représentatif que le privilége en veut présentement; il vient d'apprendre le parti que l'on peut en tirer : ce n'est pas exactement tout l'ancien régime que ses vœux rappellent; il se contentera du nouveau, si on lui laisse exclusivement le soin de l'administrer. Ainsi la France aura combattu pendant un tiers de siècle, contre l'oligarchie, pour la mettre à sa tête; elle l'aura vingt fois, cinquante fois terrassée, pour lui rendre les armes; elle aura renversé le gouvernement de Venise, pour l'installer chez elle; elle aura effacé le privilége sur toutes les pages de son Code, pour se faire représenter par le privilége! C'était à quoi on ne pouvait guère s'attendre.

*

Deux causes, aux yeux de quelques-uns, semblent avoir conduit à cet état de choses : la nomination de M. Grégoire et l'assassinat de Mgr le duc de Berry. Nous allons les examiner brièvement dans leur ordre d'apparition. Il sera facile de reconnaître qu'elles ne furent que des occasions dont on profita, que l'on fit valoir, et qui, si elles n'excitèrent pas d'autres sentimens, donnèrent au moins à la douleur de grandes indemnités.

Le choix de M. Grégoire était mauvais, en cela surtout qu'il devait blesser le Roi, et nous croyons que les répulsions bien naturelles au prince, dans une matière qui le touchait d'aussi près, devaient être consultées; car il est des occasions où il ne faut pas trop se retrancher dans le droit. Nous n'aimons pas en France à séparer la couronne de celui qui la porte. Notre régime constitutionnel n'est pas encore assez robuste pour admettre un tel partage, auquel résisterait mieux la machine plus compacte de la Grande-Bretagne. Si cette répugnance de nos mœurs est un reste de l'ancien régime, il est bon, et il faut le garder; que cette fleur de sentiment tienne au caractère national, elle doit encore nous être précieuse, et il ne faut pas la flétrir. Le trône peut pardonner, et attirer même jusqu'à soi des sujets qui ont eu des torts graves, sans en éprouver aucun déchet : lui imposer un tel oubli, c'est l'avilir. Voilà la différence majeure qui existait, et qui n'a pas été assez sentie, entre l'emploi de M. Fouché comme ministre, et l'introduction de M. Grégoire dans la chambre.

Nous n'ignorons pas que les deux positions différaient ; mais nous reportant à une époque cruelle de nos annales, à celle où le coup frappé à Paris fit trembler la terre de l'Europe, dont nous parûmes nous détacher un instant, nous nous rappellerons la stupeur qui s'empara des esprits : elle fut telle, que tout ce qui sembla approuver un tel fait, quelle que soit son excuse, ne peut prétendre à se trouver en contact avec la maison régnante, du moins sans l'assentiment de celle-ci.

Le département de l'Isère avait souffert : nous le savons. Il récriminait : contre qui ? contre le prince. C'est ce qu'il ne devait pas faire, parce que, dans un état constitutionnel, le prince n'a jamais failli. Belle gloire pour un élu que d'être ainsi transformé en instrument de punition ! Qui ne la repousserait ? Mieux valait accuser les ministres, poursuivre les coupables, les prendre où ils étaient, les confondre. Il y a, nous en sommes assurés, des hommes de cœur dans le département de l'Isère ; autrement il n'appartiendrait pas à la France. Ils se sont donc trompés; ils ont commis une faute. Rien ne le prouve mieux que la promptitude de l'ennemi à la consommer, ainsi qu'en a été persuadé un auguste personnage que, par respect, nous ne nommons pas, ainsi que l'a démontré M. Chopin-d'Arnouville dans son écrit resté sans réplique.

M. Grégoire a fait des réponses aux reproches dont il a été assailli. A moins d'une négation absolue de sa part, nous n'en étions pas moins décidés à admettre, et sans qu'on la discutât, l'invalidité de son élection, quant au domicile. A l'égard de la question d'indignité, c'était autre chose; nous trouvions indécent qu'elle fût seulement traitée. Organe du Roi, le ministère n'eût pas dû le souffrir. C'était fait de la représentation nationale si la délibération qui fermait la porte de la chambre à l'élu, avait été basée sur ce motif; c'eût été un vrai coup d'état. Réuni à mes collègues, je fis ce qui était en moi pour empêcher M. Lainé de le demander; je le fis avec instance : il m'en a voulu; il m'en veut peut-être encore pour cela. Mais qu'il y réfléchisse bien, et il s'étonnera qu'un homme de sens et de talent comme lui se soit avisé de remuer une question de cette nature.

La mort de monseigneur le duc de Berry eut un caractère de malheur plus grave et des conséquences plus funestes. Désastre de tous les partis, elle ne fut imputée qu'aux fautes d'un seul, et ne retomba que sur un seul. On oublia que, comme dans le seizième siècle on égorgeait pour les droits du ciel, par une autre tendance imprimée aux esprits, dans le dix-neuvième, un être fanatisé avait bien pu égorger pour des droits politiques. Malgré les crimes de Ravaillac et de Louvel, la religion et la liberté n'en resteront pas moins deux choses bonnes en elles-mêmes, également dignes de nos hommages dans deux ordres d'idées qui ont plus de rapport qu'on ne l'imagine; et, quant à l'une, un noble pair (M. de Chateaubriand) nous a semblé plus se laisser emporter par sa riche imagination ou par sa douleur, que raisonner avec justesse, quand il a dit que, tenant dans la main le poignard du meurtrier, il lui avait demandé *ce qu'il était*, et que le poignard lui avait répondu : « Je suis une idée libérale » ; car, en procédant de la même manière, le couteau de Ravaillac lui eût aussi répondu : « Je suis une idée religieuse ! » Ces prosopopées sont belles; on s'en empare quand on veut faire effet, ainsi qu'Antoine mit à profit la robe de César : mais l'impartiale équité de l'historien ne s'en accommode pas avec la même facilité.

Cet attentat a donné le coup de grâce à la liberté, et le ministère, au lieu de s'interposer entre elle et les assaillans, a appelé au pied de l'arbre toutes les haches et toutes les coiguées. Cet arbre, en échange d'une telle protection, si noble au sein d'une si grande douleur, eût abrité la monarchie ; il l'eût défendue contre les tempêtes. Il est tombé ! Et qui nous répondra qu'il n'y aura pas des tempêtes ?

On voulut la saisie corporelle sur la signature de trois ministres : on l'obtint. On en a peu fait usage, et l'on a eu raison ; car nous habitons un pays que couvre une population douce et humaine. Dès qu'on est violent, on l'aliène ; si elle voit couler le sang sans graves motifs, on est perdu, même avec le pouvoir dans la main. Voyez l'affaire *Gravier !* Elle a été si mal menée, elle a révélé de telles turpitudes étrangères aux coupables, si peu intéressans par eux-mêmes ; que la peine infligée a paru sans proportion avec le délit, et que la France entière ne mettait point en doute que leur grâce ne fût prononcée. On allait jusqu'à dire une chose toute simple, toute naturelle, que ce serait la jeune princesse, menacée dans ce qu'un premier crime lui avait laissé de plus cher, qui en ferait la demande. Nous attestons avoir traversé trois cents lieues de pays et avoir entendu partout ce langage.

Voilà les positions forcées dans lesquelles on

se jette quand on veut abuser de celle qu'on occupe. La censure des feuilles publiques, également sollicitée, également obtenue, a eu une plus déplorable influence sur la destinée du royaume que la suspension de *l'habeas corpus*. Dussions-nous être encore accusés de répandre quelques idées métaphysiques dans un écrit spécialement destiné aux intérêts de la vie ordinaire, nous remarquerons en passant, comme preuve de l'excellence humaine et de sa haute nature!, que les attaques dirigées contre son être organique lui préjudicient infiniment moins que celles qui touchent à sa spiritualité. Ouvrez les prisons, dressez même les échafauds; frappez le corps; mais laissez la pensée libre, et je réponds que le désordre est bien près de son terme.

Cette censure n'a pas démérité d'elle-même, depuis que nous avons publié nos *Documens historiques*. Toujours conséquente, c'est-à-dire, toujours partiale, elle a donné aux journaux de l'ultracisme un large encouragement, surtout en matière électorale, et serré la bride aux autres, tellement que ces derniers, qui déjà n'étaient pas trop vifs, ont ralenti leurs pas, tandis que la *Quotidienne*, le *Journal des Débats*, le *Drapeau blanc* et *la Gazette* ont pris le galop. La commission de censure, ayant cru devoir arrêter l'un d'eux dans l'intérêt de son parti, a été réduite à venir lui en demander honteusement des excuses dans le journal officiel, qui s'est ouvert pour cet acte de servilité. Il est vrai qu'elle s'en est vengée sur les journaux du libéralisme, et principalement sur le *Courrier français*, si bien connu par son attachement aux principes de la monarchie constitutionnelle. Tout cela est dans l'ordre, et je ne répondrais pas que M. le duc Decazes, accusé de complicité dans l'assassinat d'un prince du sang royal, à son tour, ne fût bientôt trop heureux de subir le pardon de M. Clausel de Coussergues.

Cette sévérité de la censure s'étend sur ce qui semblerait devoir lui rester le plus étranger. Un article dans lequel, tout en reconnaissant la belle abnégation de M. le comte de Sèze, nous nous permettions de croire qu'on eût pu, sinon avec succès, au moins avec quelque avantage pour la cause de l'honneur national, discuter un peu moins dans la défense d'un auguste client, et recourir un peu plus à ces beaux mouvemens oratoires qui s'y présentaient comme d'eux-mêmes; un tel article, dis-je, a été rejeté, quoique nous l'eussions souscrit; ce que nous faisons toutes les fois que nos opinions politiques, ou simplement littéraires, entraînent une sorte de responsabilité de goût ou de soumission à l'ordre établi (9). Fatigués des paradoxes et de la dureté des maximes anti-sociales de quelques journaux, craignant également de lasser le lecteur que l'on promène beaucoup trop sur ces rapsodies, nous imaginâmes de leur répliquer à tous dans un petit conte, dont le cadre était nouveau, la morale douce, même tolérante en matière politique, ce qui n'est pas peu de chose aujourd'hui (10). Ce conte ne trouva pas grâce auprès des juges suprêmes donnés à la France intelligente et pensante, quoiqu'il portât notre nom, ou peut-être parce qu'il le portait. Nous aimerions mieux, une fois pour toutes, qu'on nous notifiât ce motif; car nous saurions au moins alors ce qui nous resterait à faire pour ne pas compromettre la propriété de plusieurs pères de famille qui ont pris des intérêts dans le *Courrier français*.

Avec la censure pour auxiliaire, MM. les ministres pouvaient se flatter de diriger, c'est-à-dire de commander les élections ; car c'est exactement ce qu'ils ont fait. Fonctionnaires menacés de déplacement ; vexations exercées contre leurs enfans, quand ceux-ci l'étaient eux-mêmes ; rejets, sous différens prétextes, d'électeurs évidemment en possession, comme M. le duc de Plaisance et M. le baron de Laitre, ancien préfet de Versailles, membre de la chambre des députés et chef de manufacture; admission d'une foule de gens, sur les droits desquels on s'est montré moins scrupuleux; titres égarés de ceux qu'on ne voulait pas; clôture des listes utile à ceux que l'on voulait; formation d'arrondissemens électoraux, en sens inverse de leurs distances respectives; notifications des chefs de service à leurs subordonnés; destitutions de ceux que l'on a cru inflexibles; surveillance illégale par les bureaux, de bulletins qui, dans plusieurs colléges, n'ont pu être écrits en secret, tels sont les moyens avec lesquels le gouvernement a procédé aux élections de 1820 (11)! Nous pourrions administrer les preuves de tout ce que nous venons de dire. Nous nous bornerons à celle de quelques faits principaux ; ils ne laisseront pas les autres en doute.

Le public n'a pas remarqué sans surprise que plusieurs individus, auxquels leurs facultés défendaient de comparaître dans les colléges électoraux, pour lesquels, précédemment, une quittance de 300 francs devenait une carte d'entrée, ont figuré tout-à-coup dans des colléges supérieurs, dont la porte ne devait s'ouvrir qu'à une contribution triple ou quadruple. Si les nouveaux enrichis ont cumulé par hasard les titres de plusieurs personnes du même nom, tels que frères, oncles et cousins, et si on n'a pas le reproche à faire à l'autorité d'avoir été plus que facile dans l'examen de ces titres, cela prouve au moins que la loi est vicieuse de sa nature. On croit en effet, en voyant de telles choses, assister à cette comédie, où un propriétaire, très-mécontent d'un malheureux qui ne savait comment acquitter son terme, lui dit avec ingénuité : « Quand on ne veut pas payer son loyer, Monsieur, on achète une maison. » Nous dirons à notre tour : « Vous n'êtes pas électeur à cent écus, soyez-le au moins à mille francs. »

Si la loi a donc subitement ruiné quelques honnêtes Français, qui n'en feront pas moins bonne contenance en ce monde, elle a fait sortir de terre, avec la même promptitude, quelques fortunes, dont les propriétaires ne seront pas plus grands seigneurs que par le passé. Vous verrez que ces opulens de fraîche date ne mépriseront pas davantage les recettes, les contrôles, les places de juges de paix, voire même celles de bedeaux, pour peu qu'elles vaillent la peine d'une recherche. Il est vrai qu'ils auront un titre de plus pour les obtenir.

Qu'un tel système ait eu de l'influence snr les élections, cela est incontestable ; et, sans appliquer aux élus la phrase que M. Pasquier adressa au commencement de la session dernière, et même un peu crument, au côté gauche de la chambre, nous croyons que, dans leurs comités, les amis du privilége se seront dit plus d'une fois que, « bon droit a besoin d'aide. » Hélas! ce droit, quel qu'il soit, n'en a trouvé que trop dans l'inconcevable égarement du ministère! L'influence de ce dernier sur les élections a été d'une telle nature, tant par le pouvoir directorial des censeurs que par les efforts de ses agens accrédités, que si une telle affaire était susceptible d'être jugée dans une autre chambre que celle dont une partie a été si laborieusement enfantée par l'administration, ce serait bien le cas de demander une enquête publique. Quant à nous, nous déclarons ici avec solennité, que nous serions prêts à soutenir l'attaque devant la pairie du royaume.

Il n'était pourtant pas besoin de cette réunion d'efforts exagérés pour atteindre au but. La seule indication des présidens eût désespéré le libéralisme le moins exigeant dans ses prétentions. La liste qui contenait leurs noms, semblait une assez riche et somptueuse proclamation de ce que l'on voulait. D'honneur, il y avait excès de luxe, et, tout en souriant, les sages du parti craignaient qu'en cela il n'y eût oubli de prudence. Notez qu'un évènement, bien fait pour imprimer de doux mouvemens à tous les cœurs français, vint augmenter l'outrecuidance des ennemis de nos libertés : l'arbre de Henri IV, coupé dans sa racine, poussa un rejeton; la tombe vaincue reçut un démenti; elle sembla presque nous faire une restitution précieuse (12). C'est par le berceau d'un enfant destiné à régner suivant les lois, qu'on se promit d'en abroger les tristes restes. On avait merveilleusement exploité l'affreux crime qui enleva le père aux Français : l'apparition du fils fut une seconde fortune. Les mêmes gens pourront nous dire aujourd'hui ce que rapportent les morts et les naissances.

Les élections ont été faites partout avec calme, et partout avec la douleur de ce qui n'appartient ni au ministère, ni à la noblesse. Car, enfin, il faut bien reconnaître cette dernière; elle a fait assez pour cela. L'unité d'intérêt lui a donné l'unité d'opinion : partout elle a voté comme un seul homme. Dans tel département, elle compte, tout au plus deux ou trois dissidences; dans tel autre, aucune. Une telle unanimité, si elle ne provient de science infuse, prouve certainement qu'une classe est d'accord avec elle-même, pour recouvrer ce qu'elle a perdu. Différence essentielle entre le privilége et le libéralisme! Le premier est bien plus compact que l'autre, et nous en offrons pour preuve irrécusable, cette portion de la société, étrangère aux idées que l'on se forme d'une prétendue supériorité de naissance. Nous saisirons ici une occasion de relever une erreur familière à un grand nombre de gentilshommes pleins d'honneur et de loyauté : restés stationnaires, ils veulent que nous n'ayons pas marché; toujours sur la route de Coblentz, ils nous croient avec bonne foi sur celle de 93, qui nous a décimés et abîmés nous-mêmes; livrés par continuation au système d'idées qui les perdait, tandis que, de notre côté, nous étions victimes de plus d'une aberration, ils ne voient pas qu'une génération entière ayant passé sur les fautes de la précédente, ce n'est plus aux mêmes hommes qu'ils ont affaire. Ce faux aperçu du siècle entraîne plusieurs honnêtes gens dans des mécomptes; de là, les épithètes de *jacobins* et de *révolutionnaires*, prodiguées presqu'à l'ensemble de la société, qui n'a jamais été plus éloignée par goût des mouvemens convulsifs qu'à l'heure présente. Elle se borne à réclamer une part dans le maniement de ses propres intérêts: ne pas la lui donner est une injustice; c'est encore une faute.

Les élections vont être consacrées; à moins d'une dissolution de la chambre, elles doivent l'être. Nous avons pu exprimer notre pensée sur leurs antécédens, nous en avions le droit; nous souhaitons qu'ils soient justifiés par des actes de sagesse. Alors que le résultat sera bon, le moyen n'en aura pas moins été mauvais. C'est sur quoi la France portera bientôt un jugement définitif. L'histoire le recueillera, mais ses plumes ne sont pas encore taillées. Quant à nous, notre ministère cesse ici, parce que nous n'écrivons pas l'histoire, et qu'il nous est tout au plus permis de lui préparer des matériaux. Aussi nous arrêtons-nous devant des collègues, dans lesquels nous désirons trouver l'amour du pays et de la monarchie constitutionnelle, la seule désormais possible en France. S'ils répondent mal à ce vœu, nous ne leur en voudrons ni pour leurs préjugés invincibles, ni pour leurs prétentions, quelles qu'elles puissent être. Le blâme ne sera nullement sur nos lèvres, ni la haine dans notre cœur; nous ne nous en prendrons qu'aux fausses mesures qui auront fait passer la force de la représentation nationale dans une classe d'hommes, isolément estimables, mais qui n'existent ni dans les mœurs actuelles, ni dans le siècle. L'arbre aura été planté: pourquoi ne porterait-il pas ses fruits? Le bras a reçu le vaccin: ne faut-il pas qu'il bourgeonne? Qu'on le demande au docteur Boin, notre honorable collègue!

Ces dispositions, par lesquelles on préludait aux choix des colléges électoraux, ont eu des effets positifs sur les relations sociales et sur l'administration intérieure du pays. Pendant quatre mois, ce soin a été la grande affaire du gouvernement; le but de ses élucubrations, l'objet de ses notifications manuscrites, imprimées, télégraphiques, aux agens supérieurs des préfectures et aux magistrats des cours royales. Nous terminerons cet article très-important par quelques questions, qui, si elles semblaient déplacées à MM. les ministres, seront, à coup sûr, plus favorablement accueillies par nos lecteurs.

Nous demanderons si, dans un gouvernement représentatif, où, sauf l'organisation légale et faite en commun de l'un des grands corps de l'état, ils n'ont droit à aucune action l'un sur l'autre, il est convenable que les pairs de France soient présidens de colléges, et qu'ainsi, par eux, la chambre inamovible acquière une influence directe sur la chambre élective, influence qui, dans l'intérêt de la balance des pouvoirs, ne devrait pas émaner de cette source.

Nous demanderons si, parce qu'on veut des députés ministériels, on doit tellement imposer le silence à la presse qu'au sein d'un système constitutionnel, l'opinion ne puisse nullement s'éclairer sur le mérite d'un candidat.

Nous demanderons si, chaque année, la France sera frappée officiellement, comme d'un fléau, à l'approche des élections; si, dans les différentes parties du service public, les citoyens seront réduits à l'alternative de trembler pour leurs emplois, ou d'abdiquer, dans leurs votes, leurs attachemens et leur conscience.

Nous demanderons si, contre les usages sacrés dans l'ancienne monarchie, les militaires, désagréables à MM. les ministres ou à tous autres, seront rayés, sans jugement, des contrôles de l'armée.

Nous demanderons si le gouvernement peut autoriser ses agens à porter atteinte à la réputation des députés qui n'entrent pas dans ses vues, à les attaquer dans leur crédit ou dans leur réputation commerciale (13).

Nous demanderons si les liens de l'antique hospitalité doivent se rompre partout où se présente un député de l'opposition, et si les hôtes du logis, où il aura reposé sa tête, seront toujours exposés à se réveiller sans état, c'est-à-dire, sans fortune, de manière à faire croire que le feu aurait passé sur les traces d'un mandataire français.

Nous demanderons si les dépositaires de la confiance publique seront condamnés à ne s'acheminer vers lenr pays natal, pour y remplir des devoirs d'obligation que sous l'escorte des agens de police; s'ils continueront à voir se fermer, par mesure de l'autorité, les portes des villes à leur approche, et si, renonçant aux plus doux sentimens humains, comme le lépreux de la vallée d'Aost, ils créeront la solitude autour d'eux, parce qu'ils auront eu le malheur de combattre des ministres (14).

Nous demanderons si les départemens de la France doivent être soustraits au droit commun et à leurs magistrats naturels sans une mesure législative, à moins d'un changement survenu à l'improviste dans leur situation, et qui ne permette pas d'attendre l'ouverture prochaine des chambres (15).

Enfin nous demanderons si, parce que, suivant l'expression énergique de l'un de nos premiers hommes d'état, non moins ami de son Roi que de son pays, il convient de *murer la vie privée* dans l'intérêt du repos des familles, il faut également, dans un gouvernement représentatif, *murer* la littérature, les chaires de philosophie et l'opinion publique.

Quand on aura répondu à ces questions, si, pour ne pas abjurer toute pudeur, on semble vouloir en repousser le reproche, nous dirons à qui de droit, pièces en main : « VOILA LA FRANCE TELLE QUE VOUS L'AVEZ FAITE ! »

Il est certain qu'à peine à son berceau, le gouvernement représentatif touche, chez nous, à sa plus abjecte corruption. On semblerait avoir pris à tâche de nous en dégoûter. Jamais la population immense d'un superbe pays ne montra moins d'accord dans les idées et dans les sentimens; non, depuis six années révolues une telle acrimonie ne s'est pas encore manifestée dans les actes de la société. Plein d'un virus délétère, le corps politique le rejetera ou sucombera bientôt. On n'est plus ni wigh ni tory, mais ami ou ennemi. La France n'est pourtant pas un pays de haine ou de conspiration. Arraché à ses penchans et à ses relations accoutumées, l'homme dépérit sur cette terre, qui n'a jamais porté des fruits de misantropie; il est mort, s'il n'y trouve où s'attacher, à qui donner le salut de paix et à qui serrer la main. Il ne fallait pas nous montrer le gouvernement représentatif, pour le transformer ainsi en instrument de destruction de tout ce qui nous est cher. Dès qu'il cesse de poser entre les citoyens des tables d'égalité civile, il est vicieux; le rendre exclusif, c'est ne le vouloir pas. Déjà le nombre des Français admis aux élections était trop borné, et on le réduit! L'arbre du régime électoral est à présent planté dans les airs, et il se dessèche. Il y aura des députés, il y aura une noblesse, il y aura une chambre haute : mais l'on cherchera une patrie!

Nous nous croyons fondés à dire d'une telle loi ce que M. Lainé disait de celle dont elle a accepté la succession. Elle est subversive de la Charte, et ce qui est peut-être encore plus malheureux, elle est en révolte ouverte avec l'esprit de la nation française! Cependant nous sommes persuadés qu'avec d'autres préfets et d'autres procureurs généraux, d'autres directeurs généraux et d'autres ministres, elle eût pu ne pas désespérer le royaume. Mais, bon Dieu ! que dire d'une loi qui, semblable à un morceau de gomme élastique, se prête à toutes les fantaisies ? Qu'est-ce que le législateur qui jette l'ancre du vaisseau de l'état sur un sable mouvant ? Qu'est-ce que des citoyens conduits par leurs intérêts du moment à voter contre le bonheur de leur avenir ? Y a-t-il une ombre de moralité à les placer ainsi entre leur pain et leur conscience ? Non, ce n'est pas cela qu'il nous faut ; et si de pareilles choses se renouvellent trop sonvent sous nos yeux, il est bien certain qu'il n'y aura plus ni pays, ni nation.

Il faut que ces déplorables effets soient restés ignorés d'un monarque qui, né dans une époque de lumières, a vu d'assez haut ses sujets pour se rendre l'interprète de leurs besoins, en les appelant à vivre sous un régime constitutionnel. On ne saurait supposer que, dans sa pensée, les temps, les conjonctures, les mœurs et les progrès de la civilisation n'aient pas pris la place qu'ils ont tous dans l'ordre réel des choses : c'est donc vers lui que se portent nos regards, et que s'étendent nos mains suppliantes. Le peuple n'est point représenté, ou plutôt il l'est en sens inverse de ses intérêts, ce qui est pire que de ne l'être pas du tout : car l'oppression, qui naît d'un tel état, s'étend dans une perspective indéfinie; elle attère la pensée; c'est une mer sans rivages, et l'on n'en sort que par des tempêtes. Les contre-poids de l'antique pouvoir de nos rois n'existent plus. Il serait d'autant plus téméraire d'essayer de les rétablir, que l'aristocratie serait toute prête à s'en saisir. Celle-ci est déjà présente partout; elle croit que son heure est venue. Le gouvernement représentatif est le seul frein qu'on puisse lui imposer. Force est à l'Europe de l'adopter ou de proclamer la guerre de tous les intérêts.

CHAPITRE V.

De l'Administration de la Justice.

De tous les chapitres de cet écrit, voici celui qui nous coûte le plus, parce que nous ne pouvons nous dissimuler qu'en le traçant, nous allons découvrir une grande et large plaie. C'est la partie la plus honteuse de notre situation. Imitateurs d'une piété filiale qui a été justement célébrée, nous voudrions jeter un voile sur le déplorable état de la justice en France; mais ce n'est pas ainsi que l'on guérit les maux, et nous n'aurons garde d'oublier que la main ferme de l'Esculape, en certains cas, doit aviver les blessures, pour y réveiller le sentiment prêt à s'éteindre : c'est le seul moyen qui reste quelquefois de rendre son énergie à la force de vitalité. La douleur vaut mieux que la gangrène; au moins, elle n'est pas la mort.

La justice s'enfuit au moindre signe de violence ou de fraude; cela n'est que trop ordinaire dans les troubles civils : alors elle remonte vers sa céleste patrie; mais le malheur veut qu'elle laisse après elle, ici-bas, sa balance et son glaive, qui sont bientôt profanés. Nous ne croyons pas qu'un malheur plus grand puisse frapper un peuple;

car, si celui-ci est sans confiance dans la voix de ses magistrats, s'il redoute leurs préventions, où ira-t-il chercher des secours et de l'appui? Ne voit-on pas alors quelque chose de pire que ces tristes jours dont parle l'Écriture, quand elle dit : « Dans ce temps, il n'y avait point de juges » en Israël, et chacun faisait ce qui lui semblait » bon? »

Nos tribunaux sont encore, en majeure partie, occupés par des juges qui ont vu la révolution, qui ont pris part à ce qu'elle avait de juste et d'honnête, et aux yeux desquels l'attaque aux libertés publiques, pendant long-temps, eût été un crime. La restauration ne devait rien changer à cet état de choses. Elle a pris la France avec ses intérêts moraux et matériels, qu'elle a également consacrés par une Charte; car, nous ne cesserons de le dire, loin d'atténuer les droits du peuple, la Charte les a étendus. Un ennemi de ces droits serait un mauvais serviteur de la Charte, et nous croyons, pour notre compte, que, comprise avec loyauté, elle nous a donné plus que nous n'eussions pu nous promettre de la révolution toute seule et abandonnée à ses propres forces.

C'est donc par un véritable contre-sens, par un oubli formel de ses devoirs, qu'un juge se déclare ennemi de la révolution; il forfait dans la partie la plus essentielle de son serment, dans celle qui assure la stabilité du trône par le bonheur du peuple.

Nous avons pensé devoir réveiller ces notions dans l'esprit de nos magistrats : quelques-uns s'en sont malheureusement écartés.

De là ce scandale donné par certains accusés, que l'on a vus presque aux prises avec leurs juges ; de là ces réquisitoires passionnés de la partie publique contre de malheureux jeunes gens qui, persuadés avec motif qu'il s'agit aujourd'hui de leur sort futur, n'ont pu contempler nos débats d'un œil indifférent ; de là ces poursuites dirigées dans la même affaire contre un intérêt naturel, simple, légitime, accordé aux défenseurs des libertés publiques, tandis que des actes hostiles du même jour, de là même heure et sur le même terrain, n'ont pas encouru, de la part de l'autorité judiciaire, le moindre signe de désapprobation ; de là des cris vraiment nationaux traités de séditieux, leurs auteurs poursuivis comme tels ici, relâchés ailleurs ! Chose étonnante ! phénomène peut-être inouï dans les annales des peuples ! c'est celui d'une nation à laquelle on interdit d'invoquer le premier titre de son contrat social ! « Mais, direz-vous, ces »clameurs troublent l'ordre public ; c'est un »moyen d'agitation. Dans l'intérêt de la paix, on »les défend.» Eh bien ! défendez-les donc toutes ;

car vous n'avez pas plus le droit de m'interdire le cri de *vive la Charte!* que celui de *vive le Roi!* Si le premier est séditieux, le second l'est également. Pour proscrire l'un, vous n'avez pu que vous appuyer de l'intention ; et qui m'empêchera de l'appliquer à l'autre?

Ce déchaînement des parquets, en tombant sur les hommes, frappe nécessairement les institutions du pays. Il abat l'esprit public, ou le constitue dans un état positif de rébellion. Dans le premier cas, on tremble devant des jurys, que l'on sait formés sur les listes émanées des préfectures : le nombre des gens dévoués à la cause de l'oligarchie étant très-borné, on se demande quand elles seront épuisées. Dans l'espoir de quelque impartialité, on attend avec impatience leur renouvellement, et l'on se félicite d'échapper à la réunion du dernier trimestre, qui semble *introuvable* ; mais les préfets font de ces listes la vis d'Archimède, et la présence des mêmes noms et des mêmes visages, sur lesquels le malheureux prévenu voit sa sentence écrite, glace les esprits et paralyse toute défense.

Dans le second cas, on se soustrait aux tribunaux de son pays, et on se laisse juger par contumace, sauf à en appeler et à errer obscurément sur une terre d'où l'on croit toute justice exilée. Qu'on y prenne garde! quand ces actes se multiplient, ils deviennent une sorte de protestation contre l'ordre du moment; c'est une résistance à la loi, qu'un citoyen ne doit jamais décliner, et qui, même dans ses plus fausses applications, est encore respectable et sacrée. Nous ne blâmons pas ceux qui ont pris le parti de se dérober à des condamnations qui, par avance, semblaient résolues; nous ne dirons pas quelle serait notre conduite en pareille conjoncture. La loi suprême de la conservation individuelle n'est surmontée que par des ames très-fortes, ou par un sentiment énergiquement religieux. Certain de se trouver sans appui près de vous, l'innocent cherchera à vous échapper; car vous ne rencontrerez pas, tous les jours, des gens qui, par pure soumission aux lois du pays, s'obstinent à boire la ciguë, comme le fils de Sophronisque, quand on leur offrira les moyens de détourner la coupe de leurs lèvres. Bornons-nous à dire qu'un tel état de choses est calamiteux, que c'est celui de la France, et que le gouvernement a un intérêt de sûreté à le faire cesser.

Ne voulant pas nous livrer à des généralités qui tiennent plus ou moins du genre déclamatoire, nous allons passer en revue quelques-unes des affaires mémorables, qui ont occupé, ou qui occupent encore l'attention publique. Dans les premières, nous nous arrêterons devant la chose jugée; dans les autres, nous émettrons notre sentiment tant sur les formes admises que sur le fond de la procédure, chacun, quand ce n'est pas à charge, ayant un droit d'examen.

Nous sommes bien aises que la chambre des pairs ait prononcé sur le sort de Louvel. Tous y avaient intérêt; car un fonctionnaire supérieur, dont le nom est illustre dans les fastes de la magistrature, comme nous l'avons dit à cette époque, avait mis toute la France en *camisole*, et il était instant de repousser cette infâme accusation; mais il nous semble que l'instruction ayant fait évanouir toute ombre de complicité, l'affaire et la sentence à rendre devaient être renvoyées aux assises dans l'intérêt de la dignité de la chambre des pairs, que l'on exposerait autrement à être en séance permanente, comme juge de tous les délits ou tentatives de cette nature. Si nous nous trompons, et que, d'un autre côté, l'on consente à se montrer conséquent, *Gravier* et *Bouton* ne pouvaient encourir la peine capitale, sans comparaître devant cette haute-cour. Or, en adoptant de tels principes, on voit ce que l'on ferait de la chambre des pairs, qui, suivant nous, ne doit prendre le caractère de tribunal suprême que par suite de la qualité des accusés.

appelés devant elle. Une tentative d'assassinat a eu lieu au théâtre de Druy-Lane ou de Cowent-Garden, il y a déjà plusieurs années, contre la personne de Georges II, et le verdict rendu dans cette affaire, et qui déclara le coupable atteint de démence, fut prononcé par un simple jury. En admettant que nous raisonnions conséquemment, est-ce que la chambre haute n'eût pas pu se borner à nommer des commissaires qui, présens à l'instruction de la procédure contre Louvel, l'eussent attirée à la pairie, dès la minute où elle eût offert quelques traces de complicité?

Ces idées ont droit de nous guider dans l'examen de la marche suivie. Quant à la conspiration du 19 août, les amis de la patrie et des formes constitutionnelles, auxquelles l'existence de nos institutions est attachée, ne peuvent que gémir de la longue hésitation de la chambre des pairs à prononcer sur sa compétence.

En ce point, la question est de savoir si la chambre peut juger d'autres personnes que ses propres membres, suivant l'article 34 de la Charte, ou les ministres accusés, suivant l'article 33, lorsqu'à l'égard de ces personnes étrangères, le second des articles cités, en jetant les germes d'une compétence éventuelle pour certains délits, a positivement dit que ces délits seraient spécifiés par une loi (*a*). Cette loi n'étant pas rendue, toute ordonnance royale d'attribution devient sans objet.

Quelques esprits, naturellement inclinés vers le pouvoir, et, en raison de cette pente, beaucoup trop portés à découvrir dans la Charte ce qui n'y est pas, même contre le texte grammatical des mots, veulent que la compétence de la chambre des pairs soit déterminée dès aujourd'hui par le Code pénal : si telle eût été l'intention-mère de la Charte, il eût été tout simple de le déclarer de prime abord, ensuite de spécifier les paragraphes et les articles du Code pénal qui, en matière aussi grave, eussent bien valu la peine d'être rappelés par leurs numéros.

Nous prions que l'on s'arrête un peu sur les suites naturelles d'une compétence donnée à la chambre des pairs, par ce Code, à l'égard des deux sortes de crime caractérisés par l'article 33, et dont le soupçon pèserait sur d'autres individus que ceux qui sont exclusivement indiqués par cet article et le suivant; ne serait-ce pas constituer la pairie en cour permanente de justice? ne serait-ce pas la préparer à fournir les élémens d'un parlement de Paris, compagnie dissoute

(*a*) La chambre des pairs connaît des crimes de haute trahison et des attentats à la sûreté de l'état qui SERONT définis par la loi. (*Article 33 de la Charte.*)

comme toutes les autres par nos lois? Et remarquez que déjà cette chambre des pairs est scindée en deux parties inégales, dont l'une, comme comité d'instruction, quoique moindre, agit sans le concours de l'autre, en prononçant des mises en liberté!

Non, la Charte n'a pu vouloir quelque chose de pareil; dans sa pensée, les crimes de *haute trahison* et les attentats à la *sûreté de l'état* n'ont pu prendre un caractère d'importance que lorsqu'ils partiraient de têtes constituées en dignité, ou qu'ils s'y rattacheraient. Cela est naturel, cela est conséquent, les mouvemens subversifs de l'ordre ne pouvant être imprimés au corps politique sans que des personnages élevés n'y mettent la main.

Cette question de la compétence doit surtout fixer l'attention, depuis que l'on a vu des avocats et des procureurs généraux soutenir, non sans motifs, qu'il faut une loi pour définir cette compétence (M. de Broë à la cour royale, et M. Hua à la cour de cassation), et que jusque-là elle appartenait aux cours royales pour cette nature de crimes. La cour de cassation l'a même reconnu, mais sous une réserve bien effrayante, puisqu'elle a admis que la chambre des pairs pouvait être saisie *par une autorité supérieure*; ce qui est indiquer évidemment des ordonnances royales, dont il n'est nulle part mention dans la

Charte, comme suffisantes pour conférer de telles attributions et valider ainsi celle qui est déjà faite.

Ainsi, d'après l'arrêt de la cour de cassation, on ne peut réclamer la juridiction de la chambre des pairs, parce que la loi, indiquée par la Charte, n'a pas été rendue par les trois pouvoirs réunis; et il y a pourtant une manière de saisir cette chambre, sans le concours de deux de ces pouvoirs! véritable contradiction qui resterait abîmée dans l'ordre des impossibles, si elle n'en sortait avec les caractères les plus alarmans de réalité ou d'exécution.

N'est-ce pas dire, en effet, qu'alternativement, on enverra et on n'enverra pas à la chambre des pairs, ainsi qu'on le jugera convenable; que le renvoi, fait par ordonnance, sera toujours régulier, et que le non-envoi méritera une égale approbation? n'est-ce pas dire que la chambre des pairs ne sera qu'une commission investie par la volonté du gouvernement, et qu'elle n'aura seulement pas l'avantage que possédait l'affreux tribunal politique, que nous n'osons appeler par son nom, d'avoir ses attributions déterminées par une loi expresse et positive.

Au moins, dans le débat de cette loi, la chambre des pairs eût été appelée à cette discussion, et eût repoussé l'étendue pernicieuse et exorbitante de pouvoirs éventuels, dont on cherche à lui faire le fatal présent.

Si on n'a pas en cela le projet de la mouler aux formes parlementaires rêvées par certains cerveaux, et qui la dénatureraient, il faut avouer au moins qu'on a rencontré le plus sûr moyen de l'avilir. Encore deux ou trois procédures pareilles aux précédentes, et il n'y aura plus besoin de jurés dans le département de la Seine. Corps bâtard et d'une conception équivoque, la pairie française en tiendra lieu. Pour être jugé par des pairs, le peuple ne sera pas jugé par ses pairs; ce qui mérite quelque attention, car nous n'agitons pas une matière à calembourgs.

Ces considérations avaient conduit sans doute un des membres les plus recommandables de cette première chambre à montrer les vices de la position dans laquelle on la jette. M. le duc de la Rochefoucauld, citoyen qui s'est fait un nom personnel dans une famille où l'illustration a été mise à haut prix, vient de développer une proposition qui découle naturellement d'une compétence aussi exagérée; mais en demandant le partage de la chambre haute en deux jurys d'accusation et de jugement, le noble pair ne nous semble pas avoir calculé tous les inconvéniens d'une pareille détermination, sur laquelle encore la pairie n'est point habile à prononcer toute seule.

L'accusation, tant que nous aurons le bonheur de conserver le gouvernement représentatif, ne peut être soutenue que par la chambre des communes, pour deux raisons principales : la première, c'est que, si le trône se croit attaqué, il est peu convenable qu'il remplisse les fonctions de jury accusateur dans une affaire qui lui est personnelle, ou qu'il soutienne, en son privé nom, une procédure de laquelle il pourrait sortir avec désapointement.

La seconde, c'est que l'accusé n'étant pas jugé par l'ensemble de la chambre des pairs, mais par une simple fraction d'un tout indivisible, l'article 33 de la Charte souffrirait une violation manifeste.

Tout en rendant justice au mérite des vues et même de l'écrit de M. le duc de la Rochefoucauld, nous nous sommes dispensés de confier ces remarques au *Courrier français*, quand nous y avons traité cette matière. Nous avons trouvé que c'était encore beaucoup que de pouvoir appeler l'attention des lecteurs sur un pareil sujet, et nous rendons grâces au noble pair qui nous en a fourni l'occasion.

Si on nous a compris, une tendance ennemie de nos institutions radicales se sera fait remarquer dans la conduite de l'affaire du 19 août: arrêterons-nous un instant nos regards sur celle des premiers jours de juin, que MM. les ministres, après avoir trompé la religion du Roi, cherchent à y rattacher, ainsi que le discours de la couronne en fait foi? pourquoi pas? les tribunaux ne vont-ils point s'en ressaisir? et si nous sommes assez heureux pour y répandre quelques rayons de clarté, dussent-ils blesser certaines paupières, nos heures et celles du public n'auront pas été perdues.

L'affaire des premiers jours de juin a ses antécédens. En isolant et en disséquant les faits, on s'expose à les dénaturer. Leur ôter leurs connexions et leurs motifs, c'est se mettre dans l'impossibilité de les bien juger. Si la vie de quelques hommes se compose de pièces de rapport, si les dernières années y font trop souvent le procès aux précédentes, ce n'est pas une raison pour tout mesurer dans la nature sur cette échelle. Ici, non-seulement la partie publique n'a point eu égard aux antécédens, non-seulement elle n'a point fait entrer les motifs en ligne de compte, mais, semblant oublier que les troubles se sont prolongés pendant plus de dix jours, et que les circonstances les plus aggravantes, dont ils aient été accompagnés, ont eu lieu dans la première moitié de cette période, elle la partage en deux sections, et elle dit avec aussi peu de pudeur que de bonne foi : « J'instruirai sur ce qui s'est passé » depuis le 4 jusqu'au 10 inclusivement; mais je » me tairai, et je prétends que l'on se taise sur les » journées du 2 et du 3, qui, si elles ne sont la » justification complète des autres, en fournis» sent au moins une très-valable excuse. »

Quand on est condamné à entendre un tel langage ou l'équivalent, le premier mouvement est de jeter des regards d'inquiétude autour de soi, et de se demander dans quel siècle on vit. Puis on cherche à savoir si c'est celui des prestiges; car on voudrait se dispenser de croire à la violation de toute justice. Avons-nous besoin d'ajouter, pour explication plus ample de la marche adoptée par le ministère, que MM. les députés des départemens ont été outragés et maltraités, et l'on sait bien par qui; qu'il y a eu contre eux tentative d'assassinat, ainsi que le prouve la mémorable et courageuse déposition de M. Sivard de Beaulieu; qu'ils ont été obligés de se rendre à des ordres, à eux intimés, dans la rue, le bâton levé sur leurs têtes; et que ces scènes que l'on est intéressé à couvrir d'un voile officieux, parce qu'elles infirmeraient la validité de la loi émise à la suite de ces violences, sont précisément celles des premiers jours de juin, tandis que les suivantes, qui se sont bornées à des cris de *vive la Charte* ! et à des promenades inoffensives sur les boulevards, sont des crimes capitaux ? C'est comme si l'on disait, en toutes lettres, que l'on veut l'impunité pour ses amis, et le gibet pour ses ennemis. Nous demandons si, avec une pareille morale, on est encore en société.

Les courses, avec attroupemens, dans les faubourgs, sont blâmables, moins par le fait que comme rappelant des époques malheureuses : mais il n'y a aucune proportion entre ce tort et les attaques directes dont la représentation nationale a été l'objet. Autant vaudrait comparer à ces dernières le charivari de M. Bourdeau. Ne perdons pas de vue que nous vivons dans un gouvernement représentatif, qu'il doit avoir ses moyens d'approbation et d'improbation, et que, lorsque celles-ci n'inquiètent ni les personnes ni les propriétés, leur manifestation ne peut être que surveillée, mais non punie ou réprimée. Voulez-vous que les députés d'une nation agitent les questions fondamentales de son pacte, sans que cette nation y prenne part ? Elle serait donc uniquement composée de sages ou de buses ; et dans les deux cas, à quoi bon aurait-elle des députés? Voulez-vous que la jeunesse, à laquelle on essaierait vainement de dissimuler que la question importante de sa place prochaine, au sein de la société, se traite en ce moment, se montre indifférente à de tels débats; n'encourage pas les hommes qu'elle regarde comme plus spécialement voués à sa défense; ne leur prodigue pas ses acclamations, et, les voyant menacés, comme ils l'ont été à la face de tout Paris, ne cherche pas à les protéger de son nombre et de son attitude. ? A qui cela fait-il du mal ? Si nous n'avons pas, pour nous, l'opinion publique, ainsi que vous l'avez prétendu, laissez les choses aller ; elle se manifestera bientôt contre nous. Nos entrées dans les villes cesseront d'être fêtes publiques, et nos concerts ne tarderont pas à se changer en musique discordante. Faites-nous donner des charivari, si vous le pouvez ; nous y consentons, mais à la condition que ce soit par le peuple, et que vous ne composiez pas vôtre orchestre de gendarmes et de gardes-du-corps ; et nous verrons ensuite qui est pour vous, qui est pour nous, dans la lutte si imprudemment engagée contre nos libertés! Epargnez seulement cette jeunesse, qui a fait un peu moins que vous n'eussiez fait vous-mêmes, les positions changées ; ne répondez pas au cri de *vive la Charte* avec des balles qui n'inoculeront à personne l'amour du Roi, et rougissez de vous battre avec des baïonnettes contre des parapluies : car c'est là tout ce qui a été trouvé auprès de l'infortuné Lallemand, renversé sous le coup mortel.

La poursuite des journées de juin est une dérogation aux formes judiciaires; les dépositions, même celles des agens de police, au lieu de peser sur les prévenus, tournent à leur décharge. La voix de la vérité surmonte partout les efforts que l'on fait pour la condamner au silence; elle se trouve jusque sur les lèvres de vos créatures; et, quoi que vous fassiez, il ne restera au jury que le soin de la solénniser.

L'affaire de la souscription nationale, bien qu'antérieure à celle-ci, est encore pendante. Elle ne concerne plus que cinq ou six éditeurs de journaux. Même marche détournée, même scission de procédure : on a cru devoir mettre hors de cause cinquante-huit députés, qui ne sont pas indifférens à leurs départemens; on cherche les auteurs du délit, où l'on sait bien qu'ils ne sont pas. On a appelé des témoins devant la cour royale du département de la Seine; on en appellera devant celle du Loiret. On pouvait se dispenser de ces frais, car les coupables sont loin de se cacher. Mandataires d'un peuple qui, dans l'histoire, n'a jamais passé pour avoir un cœur de fer, ils ont cru qu'ils pouvaient tendre la main à ceux que l'on s'apprêtait à frapper, et nourrir des femmes et des enfans, là où des pères et des époux viendraient à leur être ravis. Vous objectez que, dans cette œuvre de bien, l'esprit de parti prenait une place; et quand vous auriez raison, est-ce que les partis, surtout lorsqu'ils sont de quelques millions d'hommes, ne doivent pas se protéger? Vous pouvez bien leur ordonner la soumission et la patience; vous en avez le droit : mais leur interdire entre eux la pitié, cela serait un peu trop fort. Vous avez reproché aux souscripteurs de frapper votre loi de discrédit : cette plainte est encore fondée; mais pourquoi faites-vous des lois, que l'esprit de la société repousse? Les temps sont durs pour vous; vous avez beau tirer des lettres de change sur le public, si l'humanité doit protester, vous ne trouverez pas un endosseur.

On ne s'est pas cru assez robuste pour attaquer les cinquante-huit signataires de la souscription, qui se sont montrés, qui se sont nommés, et on tombe courageusement sur cinq ou six manœuvres (j'excepte quelques hommes de lettres), qui n'ont pas même compris ce qui a été imprimé dans leurs gazettes, et qui ne connaissent peut-être pas encore ce dont on les accuse! C'est ce qu'a développé l'honorable M. Devaux, mon ami, député et signataire lui-même, en défendant la cause des journalistes avec un talent qui, chez lui, a perdu le droit de causer des surprises, et qui laissera des traces profondes dans les annales de la magistrature.

Au surplus, la souscription, en elle-même, est une chose bonne; c'est le germe d'une belle institution à laquelle, si elle est chassée de France, tous les souverains devraient ouvrir un asile dans leurs états. Il est de fait que la société, menacée dans son repos ou dans celui de ses membres, est obligée de se saisir des prévenus. Ce provisoire, à leur égard, est assez dur; mais au moins il ne faut pas oublier qu'avant d'être jugés, ils ne sont que des prévenus; et qu'après avoir passé par un verdict, plusieurs seront rendus, non sans estime, à leurs foyers. Cependant, il n'est pas de trésor assez riche pour leur donner des indemnités : ils y ont droit; car, de même que l'on ne saurait prendre votre maison en location, ou la démolir par motif d'utilité publique, sans vous payer un prix de loyer ou de vente, de même la détention d'une personne innocente ne devrait jamais se faire sans un dédommagement. C'est dans cet esprit que les amendes sont exigées des coupables; et le principe que nous venons d'indiquer doit tourner contre eux, puisqu'ils ont porté préjudice à la société. Or, ne serait-il pas naturel que ces amendes accrussent une caisse particulière, qui s'ouvrirait pour les plus infortunés, après leur jugement d'absolution? Cela n'est pas; cela n'est même susceptible de se réaliser que par des impôts énormes, puisque les recettes de notre justice criminelle sont loin de couvrir un dixième de ses dépenses. Dans cet état de choses, les gens de bien qui se cotiseraient pour subvenir à cette dette de la société, dette d'autant plus sacrée qu'elle est presque toujours contractée envers le malheur, seraient-ils donc des misérables à poursuivre par les tribunanx? Quant à moi, je ne sache pas de pays où ils n'acquissent des droits à la reconnaissance publique.

La comparution de M. Madier-Montjau devant notre cour suprême a été trop remarquée, et a mis dans un trop beau jour le conseiller de Nîmes, pour que nous l'omettions dans ce chapitre. Notre but est de montrer quelle est la pensée nationale, et que, nulle part, elle n'est consultée : quoique dans cette démonstration, devenue trop facile, nous n'ayons nul besoin d'user de tous nos avantages, l'affaire de M. Madier est d'une telle nature, qu'elle doit obtenir une place de préférence; comme on va le voir, une belle question constitutionnelle s'y rattache.

Un tort notable de la chambre des communes, et qui prouve qu'elle n'est pas encore très-avancée dans son éducation parlementaire, a été incontestablement de renvoyer aux ministres la pétition de l'illustre magistrat. L'événement a démontré que c'est là de ces sortes d'affaires qui, dans un gouvernement représentatif, appartiennent de plein droit à la chambre des députés. Qui pouvait s'en saisir en effet? quel tribunal était compétent pour la juger? Disons plus, quel procureur général pour l'instruire? Aucun, puisqu'il pouvait, puisqu'il devait résulter de l'instruction même, que des ministres n'avaient pas fait leur devoir. Or, suivant l'article 55 de la Charte, les ministres ne sont accusables que par la chambre des députés; mais si on les accuse, si l'éventualité de l'instruction tourne contre eux, comment la confier à leurs agens ou à la partie publique, ce qui est tout un? Autant vaudrait les en charger eux-mêmes!

Ce que M. Madier-Montjau dénonçait courageusement aux chambres, ne pouvait être ignoré du ministère, dans la supposition où le magistrat ne se trompât point. MM. les ministres avaient-ils, dans ce cas, dont il faut toujours admettre la possibilité, quelque intérêt à le faire connaître? Non, certainement; car ou ils ont approuvé la trame ourdie contre le gouvernement constitutionnel, par l'action d'un second gouvernement, ou ils l'ont tolérée par faiblesse. En premier lieu, ils n'auront garde de dresser leur propre acte d'accusation et de vous l'apporter. Dans le second cas, ils seront fidèles à leur pusillanimité, et ce ne sont pas leurs procureurs généraux, connus pour n'avoir de force que contre les libertés publiques, qui leur rendront du courage.

Autre considération. Une affaire de cette espèce ne pouvait recevoir une véritable instruction sans compromettre des personnages éminens par leurs places ou par leurs dignités: Ceux-ci l'eussent sans doute attirée à la chambre haute; mais ici, par la nature des choses, l'instruction et l'accusation se confondant, les gens du Roi sont sans qualité pour la seconde, et, de force, l'autre serait irrégulière.

Que M. Madier-Montjau dût succomber ou non dans les suites, sa dénonciation était d'une telle importance, son caractère personnel d'une telle autorité, que la chambre des députés ne pouvait se dispenser de se saisir; et en effet, fut-il jamais circonstance qui dût éveiller plus vivement la sollicitude des mandataires d'une nation? On vous dit qu'il y a deux gouvernemens dans l'état; on vous offre des témoins, des preuves matérielles. On cite des faits, on présente déjà des pièces, et vous envoyez tont cela avec froideur aux ministres, ou plutôt à l'un des deux gouvernemens, qui, subjugué ou non, doit se taire; car, s'il n'a tremblé, il est complice.

C'était ici le cas, ou jamais, de nommer un

comité d'enquête, de le charger de l'instruction, de l'autoriser à examiner la pétition d'un conseiller de cour royale, à provoquer les renseignemens qui pouvaient la fortifier ou l'infirmer, à examiner les allégations, à vérifier les pièces, et enfin à confronter les témoins et les écritures. Cette marche eût été la seule marche naturelle et constitutionnelle.

Il est évident que l'autorité des chambres eût ici rassuré des personnes qui, en matière aussi grave, n'eussent pas osé parler devant de simples tribunaux, et encore moins devant des procureurs du Roi, amovibles à la volonté des ministres. Si on avait voulu la vérité, il n'y avait pas d'autre moyen de la connaître. En procédant de cette manière, on eût épargné à la cour de cassation un arrêt de censure, qui, suivant nous, était sans motifs, puisque les procureurs généraux, devant lesquels M. Madier avait été renvoyé pour le fait de sa dénonciation, par ordre du ministre de la justice, n'avaient pas qualité pour en instruire, encore moins pour en connaître.

Si l'on dit que les formes, auxquelles nous eussions voulu recourir, n'existent nulle part, ne sont déterminées par aucun Code, qu'en les adoptant la chambre des députés eût commis une usurpation de pouvoirs, qu'une telle mesure eût dû être précédée d'une proposition, que celle-ci, elle-même, eût demandé à être renvoyée dans les bureaux avant d'avoir son développement, que la chambre des pairs l'eût ensuite reclamée, et que la sanction royale eût été finalement obligatoire dans un tel acte, je soutiens qu'il faut effacer de la Charte l'article 55; car il est douteux que la chambre haute autorisât jamais la poursuite d'une affaire, dans laquelle quelques-uns de ses membres seraient impliqués, et il est hors de doute que MM. les ministres, tant qu'ils posséderont la confiance du Roi, l'empêcheront d'approuver tout acte fait pour donner des suites à une procédure qui pourrait les compromettre. . . . .

L'instruction et la volonté de l'instruction, en pareille matière, appartiennent donc, de plein droit, à la chambre des communes, et doivent être indépendantes de tout autre pouvoir. Elle n'est rien, il n'y a point de gouvernement représentatif, si on ne la met en possession spéciale d'un privilége que personne n'exerce plus, et dont jouissait le moindre des parlemens avant la révolution, celui d'informer dans les crises qui menaçaient l'état. . . . .

Reconnaissons que les pouvoirs des chambres n'existent qu'en germe dans la Charte, et qu'on paraît beaucoup plus occupé à les anéantir qu'à leur donner le développement indispensable pour leur exercice.

Tout le monde sait avec quelle noblesse et quelle fermeté M. Madier a répondu aux diverses interpellations qui lui ont été adressées par M. le garde-des-sceaux. C'est avec un sentiment pénible que l'on a vu la cour suprême refuser à un accusé magistrat, les secours d'un défenseur que la loi accorde dans les cas les moins gratiables, et qu'elle nomme d'office, quand il ne s'en présente pas. Au reste, la belle éloquence de M. Madier a été telle qu'il n'en a pas eu besoin, ou plutôt il a su s'en faire un de M. le garde-des-sceaux lui-même, en prouvant que ce chef de la justice avait jeté les germes d'une dénonciation semblable, quand il attaqua les troubles du Midi; et qu'il révéla, avec non moins de force d'ame que de talent, les crimes publics de quelques misérables, et la triste impuissance de la justice à les poursuivre.

M. Madier, en recueillant les pièces relatives à une comparution qui lui fait tant d'honneur, y a joint un avis dans lequel nous avons distingué un mot bien digne de l'être : « J'ai été » censuré ; mais cela ne m'empêche pas de dire : » Le gouvernement occulte marche, OUI, IL » MARCHE ! »

Si la France possédait beaucoup de magistrats

de cette étoffe, qui doute que ses lois ne fussent respectées et son régime constitutionnel bientôt affermi? Mais le courage civil est rare. Ici, c'est la mollesse qui arrête; là, c'est la crainte de se fermer une carrière ou de l'interdire à ses enfans. Que ce soit l'un, que ce soit l'autre motif, presque tous les parquets sont devenus, sans s'en douter, des auxiliaires de contre-révolution, et par conséquent servent mal le Roi et leur honneur. Bannie de plusieurs cantons de ce beau royaume, la justice a encore conservé un asile digne d'elle dans la cour de cassation. Réfugiée dans cette enceinte, elle y dicte ses lois à des oreilles faites pour l'entendre, à des cœurs faits pour la chérir. Là, les mains ne vacillent pas en tenant la balance; là, les consciences ne murmurent pas, après avoir laissé peser le glaive sur des têtes coupables. La cour de cassation est chargée d'un précieux dépôt; elle a aussi une riche réputation à maintenir : espérons qu'elle remettra tous les deux sans déchet à la génération qui s'avance!

CHAPITRE VI.

De l'Etat actuel du culte et de l'instruction publique.

Le dernier lien qui reste à la société, quand tous les autres sont rompus, c'est celui des opinions religieuses. La tendance des esprits n'a jamais été plus favorable à celles-ci, et pourtant elles sont présentement bien peu de chose dans la vie domestique de la classe nombreuse, placée au cœur de l'état, et par cela même la plus propre à y faire participer les autres. C'est un grand malheur : d'où vient-il? à qui la faute? Examinons-le.

On est forcé d'avouer que le ressort du catholicisme avait bien peu de détente, il y a trente ans, dans les rangs les plus élevés de la société, et que nos troubles publics nous ont pris presque sans religion. Ce ne sont pas eux qui ont renversé cette barrière : la noblesse et le haut clergé leur en avaient épargné le soin. Mais ce n'est pas la noblesse qui pourra la rétablir. Ses efforts ressembleraient trop à une opération de banque. L'esprit du siècle n'est point matérialiste, la philosophie française encore moins. Si nous avions le bonheur de compter pour quelque chose, dans celle-ci, avec les Royer-Collard, les Laromiguière, les Cousin, madame de Staël et d'autres têtes pensantes que le sentiment a mis sur la route de la vérité, nous pourrions dire qu'il n'est pas de succès, obtenu dans ce genre d'études, dont l'hommage ne doive être rapporté à des pensées empreintes de religion. Condillac, qui nous avait éloignés de Locke, tout en le commentant, n'a pas été absolument quitté; mais il est rectifié, et il devait l'être. Le seul abus des mots, la seule altération du sens donné à une opinion émise par un jeune jurisconsulte de talent, et dont l'idée n'a pas été bien saisie, ont semblé autoriser quelques écrivains à répéter, dans les feuilles de l'ultracisme, que la loi française est *athée*. Elle ne l'est pas; mais elle n'est pas davantage controversiste; elle serait mauvaise du jour où elle le deviendrait, car les cerveaux demandent une autre pâture, et ils aimeraient mieux encore voyager dans la région vaporeuse de Kant et de Fichte, que de se jeter dans les querelles oiseuses du moyen âge. L'esprit de secte a cédé la place à celui de religion, dirigé vers le bonheur de tous, par l'amélioration de leur existence morale et intellectuelle. Si le catholicisme ne comprend pas cela, il est perdu. A notre avis, il a manqué une bien belle occasion de ressaisir les hommes qui lui étaient échappés. Au défaut de ceux du dix-huitième siècle, qui feignent de lui appartenir, tout imbus qu'ils sont encore de la prétendue doctrine de leur ère, il aurait ceux du dix-neuvième. Ceux-ci sont prêts à se livrer : il ne faut que savoir les prendre.

Chose étonnante! il faut à la génération qui couvre maintenant le sol de l'Europe, du libéralisme et de la philosophie; et l'Evangile offre tous les deux. Il en est saturé. Certes, le doigt de DIEU est là. Malheur aux hommes qui gâteront son œuvre! car il leur sera reproché d'avoir empêché que le bonheur de la grande société européenne cessât d'être en problème.

Une question du plus haut intérêt se traite aujourd'hui en France. Elle aura, par sa solution, une influence décisive sur le sort des hommes; c'est celle du droit et du privilége. En notre particulier, nous savons quel rôle nous eussions souhaité que la religion eût pris dans ces débats; nous eussions cru que, ne pouvant se dissimuler l'éloignement de la classe moyenne pour le culte romain, elle ne se fût pas présentée, avec un caractère d'hostilité, en face d'une population instruite, et qu'elle devait avoir à cœur de ramener sous son étendard. Certains qu'elle n'aurait de succès réels qu'en donnant des garanties à ce qui est, à ce que la raison publique a proclamé, et à ce qui, par toute terre, replace l'homme dans le sentiment de sa dignité, nous imaginions que les ministres des autels, guidés par des chefs prudens, eussent dit à la nation française : « Institués pour préparer, en » vous, le bonheur de l'autre vie, nous le » sommes aussi pour aplanir les sentiers de » celle-ci, qui en est le pélerinage. Tout ce qui » améliore la condition de la créature humaine » dans le temps, nous est cher, et notre minis- » tère est prêt à le consacrer. Le mouvement » de l'époque présente est beau; il est généreux: » nous vous aiderons à le régulariser. »

C'est là (du moins nous le supposons) le langage qui eût été le plus séant aux envoyés de celui qui n'est venu, sur la terre, que pour guérir des plaies et consoler des douleurs! Etait-ce trop? Eh bien! nous nous fussions bornés à solliciter de ses disciples une neutralité parfaite entre les intérêts actuellement aux prises. C'est ainsi qu'ils eussent pu, au besoin (et malheureusement le jour de ce besoin n'est pas éloigné), se jeter entre les deux camps, le rameau pacifique à la main.

L'église française n'a rien fait de tout cela : elle a pris des couleurs, quand elle ne doit porter que celles de son divin maître; elle s'est précipitée, en aveugle, dans la mêlée; elle y est ardente; elle combat de toutes armes. Comme elle pouvait s'y attendre, on la repousse, et elle ne retirera d'une telle imprudence que le regret d'avois compromis, dans le cœur des fidèles, un reste de foi prêt à s'éteindre. Vingt fois nous l'avons suppliée, conjurée de suivre une autre marche : elle n'a tenu compte de nos paroles, et, se mettant en contre-révolution ouverte, de long-temps elle rendra impossible l'alliance du culte et de la morale. Ainsi lui devrons-nous la complication du mal qui nous tourmente, quand il lui était si facile d'y appliquer un topique salutaire.

Sans forces pour se protéger efficacement, et cela par sa faute, elle ne cesse de recourir au gouvernement, qu'elle appauvrira de son assistance intempestive, tant que le gouvernement ne sera qu'un parti. L'église de France ne devait être ni noble, ni émigrée, ni tory, ni royaliste, par exclusion. Elle devait se borner à être CHRÉTIENNE, et, par son influence habilement ménagée, elle eût été tout ce qu'elle eût voulu, tout ce qui lui eût été convenable d'être dans l'intérêt du bonheur commun (16).

Les mandemens de ses évêques, après avoir été, il y a huit ans, des manifestes de guerre, ne sont plus que des traités de politique où perce la haine de nos institutions ; les séminaires pullulent de jeunes gens enlevés à la charrue, pour répandre un jour, dans le champ de la société, des semences de fanatisme, ou pour le couvrir d'une nuit ténébreuse. On les nourrit des seuls écrits les plus propres à les isoler de nos mœurs et de nos besoins. Déjà, pour eux, l'histoire de France, par le jésuite Loriquet, est à sa septième édition, livre que nous avons signalé comme attentatoire à l'honneur du pays, livre que des grands-vicaires, des ecclésiatiques revêtus d'un caractère respectable, ont la mauvaise foi de désavouer sans cesse, pour le réimprimer sans cesse! (17)

Mais rentrons dans des considérations plus étendues. Il faut le déclarer hautement : les pasteurs catholiques, à une très-petite exception près, refusent tout assentiment aux ventes des domaines nationaux. Qui vous l'a dit, nous répliquera-t-on ? Ceux, répondrons-nous, qui, pour se conformer à vos dogmes, vont chercher près de vous des avis de sagesse sur leur conduite privée, et n'y trouvent que des conseils d'imprudence; à leur défaut, leurs mères, leurs femmes, leurs enfans, les testamens des moribonds, la fosse ouverte qui a réclamé vainement des cercueils, les cris des familles spoliées; voilà qui nous l'a dit, puisque vous voulez apprendre, de notre bouche, ce que vous savez mieux que nous-mêmes!

Dans les jours où nous sommes, la loi qui livre les derniers soupirs des mourans à un clergé animé d'un tel esprit, est une loi immorale et irréligieuse. Elle est immorale, parce qu'elle jette le trouble et la défiance dans les familles; elle est irréligieuse, parce que (et on l'a vu plus d'une fois dans nos campagnes!) elle place le fils en sentinelle, l'arme au bras, à la porte d'un père agonisant, pour en écarter l'homme qui ne devrait en approcher qu'avec tous les baumes du ciel, et qui, par malheur, est soupçonné de vouloir seulement y ravir des dépouilles opimes. Ainsi aura-t-on des legs pieux pour les séminaires et les églises; mais la religion chassée de tous les cœurs n'aura que faire de ces établissemens, qui en auront précipité la chute!

Il est triste d'être d'un culte, et de ne pas le suivre. Je ne sache rien de plus fâcheux pour une nation, car elle perd par là une des premières garanties de son repos, et un puissant ressort de bonne conduite. C'est un véritable contre-sens domestique et social que la France catholique offre à elle-même. Il durera tant que le clergé y marchera sous la bannière de l'oligarchie. On le rendra solidaire de tous les efforts de celle-ci, pour renverser les institutions de liberté. En cela, il n'y aura pas d'injustice commise : remarquez en effet que dans la conduite, dans les prédications, dans les conférences, dans les écrits de ses chefs accrédités, il ne transpire pas une seule approbation de nos découvertes, un seul encouragement de nos efforts pour ramener, par des lumières sagement distribuées, tous les membres de la société à la pratique de leurs devoirs : c'est l'ignorance qu'il lui faut; c'est l'ignorance qu'il rappelle à grands cris, oubliant qu'avec elle il n'y a plus de libre arbitre, et par conséquent de dignité humaine. Il lutte presque partout contre l'enseignement mutuel, lors même qu'on le lui montre dirigé par des principes religieux; c'est une manière de laisser deviner la connivence du presbytère et du château, et il faut convenir qu'elle n'est pas très-adroite.

La religion est une chose si précieuse aux hommes, qu'il nous en coûtera toujours d'avoir à parler contre ce qui se présente avec la seule apparence de lui appartenir; mais en liant le culte à un parti comme on l'a fait, comme on ne cesse de le faire, ne le rend-on pas responsable de tous les torts de ce parti ? On vient de lui ordonner des mandemens et des prônes contre les députés les plus chers au peuple : cela est-il bien sage ? cela lui ramènera-t-il ceux à la recherche desquels il devrait courir ? Nous nous permettons d'en douter. Quand le fils de Marie, sortant de son humble retraite, vint recommander à chacun de voir un frère dans son semblable, sans sa haute prévision, eût-il pu soupçonner que ses paroles, au nom desquelles, dans les premiers siècles, tombèrent les fers des captifs, ne serviraient, dans le dix-neuvième, qu'à restaurer la religion du privilége et des gentilshommes? Telle est la pensée que fait naître naturellement l'accord de deux ordres qui, ayant à pleurer les mêmes pertes, s'apitoyent, entre l'œil de bœuf et le sanctuaire, sur une dépravation qui n'existe plus, tandis que celle, vers laquelle ils tendent à nous ramener, était en grande partie leur ouvrage.

Soyons chrétiens, dussions-nous l'être en dépit des ministres du culte, puisqu'ils perdent de vue leurs premiers devoirs, et aimons le pays! Réclamons avec une énergie décente nos droits politiques, puisque la Providence, dans ses voies dignes de respect, lors même qu'il ne nous est pas donné de les explorer, les a mis à l'ordre du jour. Si elle avait voulu nous en défendre l'exercice, en nous rendant les contemporains d'une autre époque, elle nous eût prescrit d'autres devoirs et ménagé d'autres dédommagemens. C'est contrevenir à ses saintes lois que de contrarier le mouvement du siècle, au lieu de lui prescrire des limites de raison, dans lesquelles il ne demande qu'à se renfermer.

Sous ce rapport, presque tous nos évêques

sont à la fois hors la volonté du prince et la volonté divine : les uns, à l'article du mariage, dans leurs catéchismes, ne disent mot du contrat civil, parce qu'ils ne le font plus (*a*); d'autres imposent l'obligation de reconnaître comme supérieurs les seigneurs de paroisse (*b*). Il en est qui, réveillant d'anciennes querelles religieuses presque assoupies, et dont le feu ne devrait pas être attisé per nos premiers pasteurs, quand nous n'avons que trop de nos autres sujets de discorde, exigeut des prêtres conformistes des rétractations non moins illégales que révoltantes. En effet, on est coupable de ne pas respecter le concordat par lequel le saint-père, il y a déjà plusieurs années, a voulu faire cesser toute dissidence dans l'église française; et on l'est encore,

(*a*) Catéchisme d'Avranches, 1818, page 111.

(*b*) Catéchismes de Vienne, 1817, pag. 25; d'Avignon, 1815, pag. 84; de Saint-Malo, 1815, pag. 92, signé en *la vacance du siége*, qui, suivant nos lois, n'a jamais été vacant, par MM. Manoir et la Mennais, vicaires généraux; cat. de Langres, 1819, p. 32; cat. de Soissons, 1816, pag. 84; cat. d'Auch, sans date, pag. 102; cat. de Montauban, 1814, pag. 110; cat. de Reims, 1814, 1817, 1819, pag. 130; cat. de Châlons, 1817, pag. 27; et enfin cat. d'Oléron, 1814, imprimé en deux langues, pag. 49 pour le français, 50 pour le patois gascon, où les devoirs envers *lous seignous* sont religieusement recommandés.

quand on prétend que des prêtres, déjà inclinés vers leur tombe, viennent abjurer leur vie passée, quoique souvent le seul reproche qui puisse les atteindre, est de n'avoir pas laissé périr absolument le culte au sein des villes et surtout des campagnes. C'est ce que l'on voulait comme moyen plus prompt de bouleversement de l'ordre social; nous ne l'ignorons pas. Mais la bonté divine ne jugera pas ses ministres sur ces calculs d'une politique barbare; non, elle ne repoussera pas ce vertueux archevêque de Besançon (*a*) que le Finistère a vu naître, qui allait semant en tous lieux les bienfaits avec la parole de l'Evangile, qui, fidèle au pays ainsi qu'il l'avait été au prince, s'arma d'une sainte colère contre l'invasion de l'étranger, et, chargé d'ans et de bonnes œuvres, eut le bonheur de fermer les yeux sans en avoir été le témoin!

Croyons qu'il est d'autres ecclésiastiques qui ont marché sur les mêmes traces; mais gémissons qu'ils deviennent pour ceux qui devraient les respecter, des objets de haine et de persécutions. C'est pourtant ce qui a lieu dans presque tous les diocèses. Le frère d'un noble pair

(*a*) L'abbé Lecoz, ancien principal du collége de Quimper, promu à l'évêché de Rennes en 1791, puis à l'archevêché de Besançon immédiatement après le concordat passé par le premier consul avec le saint-père.

de France, de M. le comte Lanjuinais, en offre un bien déplorable témoignage (18). Poursuivi par son évêque, effacé sur les registres d'un chapitre dont il était le sous-doyen, plus que septuagénaire, il vient demander à la capitale un asile que la ville de Rennes refuse à sa vieillesse. Est-ce là l'Evangile? et son céleste auteur le reconnaîtrait-il dans cet état de dégradation?

Dix évêques ont enjoint à leurs ouailles d'acquitter la dîme comme une dette sacrée; quelques-uns y ont ajouté l'obligation de la reconnaissance (*a*). C'est vouloir le sacrifice dans sa plénitude, et faire avaler le calice jusqu'à la lie. Ces catéchismes sont dans toutes les mains; la violation des lois de l'état est palpable : je ne sache pas pourtant que MM. les procureurs géné-

(*a*) Catéchismes de Besançon, 1814, pag. 72; de Marseille, 1815, pag. 25; de Târbes, 1814, pag. 101 et 102; d'Oléron, 1814, pag. 55; de Béziers, 1814, pag. 72; de Montpellier, 1815, 3 éditions, pag. 44, 62 et 68; de Montauban, 1814, pag. 10; du Puy, 2 éditions, 1814, pag. 27 et 28; d'Auch, 1814, pag. 119; d'Avignon, pag. 96 : mais il est probable, pour ce dernier, que cette publication aura eu lieu sans être autorisée par l'évêqne, et seulement aura été à son insu une œuvre de subordonné; car les principes de ce digne prélat ne le porteront jamais à violer la loi de son pays.

raux en aient pris quelque ombrage, ni que leur sollicitude se soit manifestée par des réquisitoires. Sans doute qu'ils la devaient tout entière à d'autres délits bien plus importans, tels que des cris pour la Charte, et des souscriptions en faveur des malheureux.

Il n'y a pas de bon Français, nous ne dirons pas attaché aux idées modernes, mais de quelque ère qu'il date dans son acte de naissance ou dans ses pensées, qui ne doive gémir de voir nos évêques, les princes de l'église des Gaules, prodiguer à la cour de Rome des témoignages d'une servilité qu'elle ne leur demande pas. C'est ce que prouvera une lettre très-curieuse insérée dans les notes par lesquelles nous terminerons ce volume (19). Et pourtant l'esprit d'obédience est tel que, contre les usages sacrés de l'ancien royaume de France, passés en force de loi, on va jusqu'à publier les brefs du pape, sans qu'ils aient reçu l'approbation de l'autorité temporelle, approbation qui résultait autrefois de l'enregistrement dans les cours souveraines, sur la demande du prince (20). Quoi que l'on dise, quoi que l'on fasse, l'ultramontanisme est décidé; du clergé, il s'injecte dans l'administration supérieure de l'état : on serait tenté de croire celle-ci dévolue à la grande aumônerie; rouage secret et obscur qui agit incessamment, qui laisse crier et meut tout; qui a promis la contre-révolution, et la donnera, si on le laisse faire.

Quoi de plus déplorable, en effet, que cette cérémonie de la pose de la première pierre du séminaire de Saint-Sulpice, faite par M. le ministre de l'intérieur, qui n'aurait pas dû y être, et en présence de M. l'archevêque de Paris, qui se félicitait sans doute de l'avoir à ses ordres? (Voyez le *Moniteur* du 23 au 25 novembre 1820).

Nous ne nous arrêterons pas sur le texte du discours du ministre de l'intérieur. Cependant il est bon de remarquer, en passant, que ce discours annonce comme effectué ou convenu, malgré la lettre et l'esprit des lois existantes, le rétablissement de l'ancienne congrégation sulpicienne, depuis long-temps abolie par ces lois.

Mais n'est-il pas affligeant, pénible même, de voir cette excellence réduite à employer toutes les formes évasives, tous les détours et toutes les circonlocutions de la langue, pour rappeler à la jeunesse destinée à sortir de cette institution, la supériorité du pouvoir temporel sur les pouvoirs spirituels, à quelque profession de foi que ceux-ci appartiennent? Le ministre d'un grand Roi et d'un grand royaume semble demander grâce aux genoux d'un prêtre. Le contraste de la position de M. l'archevêque de Paris est remarquable dans sa réplique: là, point d'ambiguïté, point de périphrases. Le prélat se borne à dire nettement que les élèves, tels qu'on se propose de les former *in petto*, sauront concilier leur *attachement* au saint-siége avec celui qu'ils doivent au Roi. Le mot de patrie offenserait les lèvres de son éminence, qui ne le prononce même pas. Qui sait si, avant un an, il ne sera pas séditieux ? Il est certain que, pour arriver là, il y aura moins de chemin à faire qu'on n'en a parcouru depuis les douze derniers mois.

Tel n'était pas le langage de l'ancien clergé de France! nous invitons le lecteur à compulser ses *Mémoires*, et nous le défions d'y trouver la trace d'une pareille servilité!

Tous ces abus, toutes ces contraventions à l'ordre établi, prennent un caractère de gravité, quand on songe que c'est à leurs auteurs mêmes que l'on abandonne l'éducation publique. On a vu, sans autorisation légale, je dirais presque sans ordonnance royale, quoiqu'elle lui coûtât peu à obtenir, sous le nom de pères de la foi, l'ordre des jésuites sortir tout à coup de terre, fonder dans le royaume quatre grandes maisons, qui ont presque partout des succursales, et qui, par leur dévouement sans bornes au pouvoir papal et absolu, se sont acquis le droit exclusif d'élever la jeunesse titrée. Ce qui leur échappe est ressaisi par les petits séminaires, où les mêmes doctrines sont professées, et où, sous prétexte de former des élèves à la prêtrise, on dérobe les fils de famille à l'enseignement universitaire; de là le discrédit dans lequel étaient tombés les colléges royaux. Aujourd'hui que l'on se croit obligé à moins de ménagemens, il est peu de ces colléges qui ne soient gérés et gouvernés par MM. les évêques. A peine daigne-t-on consulter les conseils municipaux sur le choix des professeurs, même là où ces derniers sont en partie rétribués des deniers des communes. Les prélats chassent ceux dont les opinions leur déplaisent, ou dont le zèle n'est pas assez obséquieux, et, non contens de confier l'administration à leurs créatures, ils peuplent les chaires à leur gré, et par conséquent, ils insèrent de toutes parts leurs doctrines pernicieuses dans l'arbre de la société, en l'inoculant par ses plus jeunes branches.

On n'ose avouer hautement ces vues dans la capitale. Quoique regardé d'un mauvais œil, le collége de France y subsiste encore, si ce n'est qu'on semble avoir préludé à sa prochaine réforme, par la destitution de M. Cousin, destitution dont on n'a pas voulu convenir, que, dans le *Moniteur*, on a rejeté d'abord sur la volonté de celui qu'elle frappe, puis sur sa santé, qui est fort bonne, sans que les journaux non serviles aient pu rectifier ces faits ou en attaquer l'inexactitude. S'il n'avait été trop déplorable de voir un gouvernement se mettre ainsi en scène, il n'eût pas été médiocrement plaisant d'entendre celui-ci dire à M. Cousin : « Allez vous coucher, mon » bon ami, vous êtes malade, très-malade ; vous » sentez la fièvre d'une lieue. »

Il est certain que l'on a regardé cette fièvre comme très-contagieuse, et l'on a agi en conséquence, car on a des argumens irrésistibles ; mais ils ne sont pas de l'espèce de ceux qui opérèrent sur le professeur de guitare : on sait bien qu'ils seraient sans action sur M. Cousin, malgré l'extrême médiocrité de sa fortune. Aussi, après avoir privé ce jeune savant d'une chaire de philosophie, dans laquelle il sera difficile de lui succéder, a-t-on voulu à la fois s'assurer le profit d'obscurantisme que l'on se promet de sa destitution, et se ménager l'honneur d'une complète bienveillance, en la couvrant d'un vernis d'urbanité. Le public ne trouvera pas mauvais que, pénétrés comme nous le sommes, de la pureté de l'enseignement de M. Cousin, nous ayons essayé de donner une idée de ses principes dans une note un peu étendue, et qui nous semble en être la fidèle expression. On jugera si c'est avec de pareils documens qu'on pervertit l'esprit public, si c'est en lui donnant une telle nourriture que l'on corrompt la jeunesse.

Les mêmes idées rétrogrades ont présidé à l'organisation et dicté le nom de l'ancien collége d'Harcourt. On a souhaité sans doute, et nous ne savons pas pourquoi, faire oublier au public qu'un chanoine de cette maison était le fondateur primitif d'un établissement auquel, malgré ses éminentes vertus, saint Louis n'a point eu de part, quoiqu'aujourd'hui on lui en donne le patronage. Que vous importe Raoul d'Harcourt, nous demandera-t-on? Beaucoup, répondrons-nous, sans avoir l'honneur de le connaître ni lui ni les siens! Ne serait-ce qu'une manière de rendre l'histoire d'une intelligence difficile, en altérant ses monumens, nous la blâmerions. D'ailleurs, nous nous étonnerons toujours que ceux qui ne tarissent pas sur le respect dû aux fondations et aux titres des fondateurs, s'en écartent avec aussi peu de scrupule que de motifs. Telle est notre faible nature, que les vertus des hommes ont trop souvent besoin d'appui. Quand elles se contentent d'un roseau, pourquoi le leur enlever? Plus d'une fois, on a vu l'amour-propre tenir par la main la bienfaisance : laissons-les cheminer ensemble, si dans la route ils font du bien à quelques-uns, et qu'aucun ne souffre de leur passage. Qui trouvera à redire que l'on ait conservé leurs noms paternels aux hospices Beaujon, Necker et Cochin? Cet encouragement est né cessaire à notre pauvre humanité. Est-ce qu'on ne monte pas tous les jours sur les tours Notre-Dame et sur le Mont-Blanc pour y écrire en majuscules, que telle année, à tel jour, tel individu s'est trouvé là? Dans un désir désordonné de célébrité, un maniaque brûla un grand établissement à Ephèse. Permettons, fût-ce par le même motif, que des gens plus sages et mieux avisés bâtissent en France des hospices ou des maisons d'éducation.

Ces détails sont peu de chose; mais ils montrent de la tenue et de la suite dans le plan adopté. L'esprit du système se dévoile à chaque pas. Par tous les points, on attaque nos institutions ou on les dénature; par tous les points, on entame le pacte fondamental, si bien qu'après l'avoir miné sous œuvre, on en proclamera la chute comme imminente et la conservation comme impossible. C'est une manière d'arriver au rétablissement des *grands corps de l'état;* nous le savons, c'est ce que l'on veut. Ceci est grave; mais nous savons aussi que c'est ce que le Roi ne veut pas, ce qu'il n'a aucun intérêt à vouloir. Nul doute que le plus grand moyen de succès ne soit dans l'éducation du peuple par le culte, et dans l'éducation de la jeunesse par des corporations religieuses. Frappé des envahissemens successifs de celles-ci et de l'impossibilité de les réprimer (M. Madier-Montjau en dirait bien la raison), le respectable M. Royer-Collard voulut échapper d'une manière honorable à la responsabilité qui devait résulter, pour lui, des actes d'une commission où son opinion, probablement en minorité, ne laissait pas, par sa qualité de président, d'apparaître encore dans le public avec une prépondérance fictive et mensongère. Nous oserions affirmer que tels furent les motifs de la démission donnée par ce digne fonctionnaire d'une monarchie constitutionnelle, il y aura bientôt deux ans; il lui appartenait de léguer à ses successeurs ce bel exemple de dévouement, après les avoir étonnés par celui d'une fidélité qui n'avait pas attendu une double restauration pour se produire.

Ce n'est pas que nous approuvions sans réserve le régime universitaire, tel qu'il est constitué. Le système de notre éducation nationale appelle à grands cris de grands changemens; nous en avons indiqué les motifs dans la première partie de ces *Documens*; nous n'y reviendrons pas. Nous pensons qu'il n'est ni dans l'intérêt de la société, ni dans celui des familles, de couvrir la France de gens de plumes, ou de latinistes et d'hellénistes, un peu moins habiles à parler la langue de Virgile et de Sophocle qu'un savetier de Rome ou d'Athènes; mais nous croyons qu'elle a un intérêt positif à ce que tous ses enfans reçoivent une éducation première, qui les rende aptes à jouir de leurs droits dans un état constitutionnel et civilisé. Ainsi devraient s'ouvrir, pour l'universalité de la jeunesse, des écoles où l'on enseignerait les principes qui servent de bases à toutes les religions, et principalement à celle dans laquelle nous avons le bonheur de vivre (*a*); les notions les plus précises sur le droit de cité, sur les devoirs de sujets dans une monarchie pondérée, sur la CHARTE, riche présent fait par un roi à son peuple, sur la nature et la destination de l'impôt consenti librement par la chambre des communes, et qu'on ne peut considérer que comme une dette sacrée de chacun envers tous; puis, des connaissances primaires de chiffre et d'arpentage, et même quelques explications claires des article d. Code civil qui régissent les fortunes et qui garantissent soit l'état des personnes, soit leur sûreté et celle des propriétés. Nous souhaiterions enfin que, dans une telle éducation, on ne négligeât pas de faire entrer des études, bornées mais exactes, d'histoire naturelle, bien propres à élever la créature vers son auteur, des principaux arts et métiers, par lesquels s'exerce notre industrie, et surtout de l'agriculture, sans laquelle ils n'existeraient pas.

(*a*) Nous disons les *principes*, parce que les prêtres de chaque section de cultes, dans les temples ou dans les églises, y appliqueraient ensuite le dogme théologique.

Voilà tout ce que la patrie doit à ses enfans, tout ce qui est nécessaire à leur bonheur! Mais voilà aussi ce qu'ils sont en droit de réclamer d'elle, comme membres d'une société, où il n'y a point, où il ne peut y avoir d'héritage exclusif!

Uue telle éducation est nécessairement gratuite, puisqu'elle est une dette. Quant à l'autre, qui se porterait vers les hautes connaissances de jurisprudence, de médecine, de philosophie, de théologie, de littérature et des beaux-arts, personne n'ayant le droit de la demander, elle doit être payée par tous ceux qui la veulent; il appartient au gouvernement de la surveiller, de la diriger même, mais non de la donner; il y aurait à céla privilége. Ainsi aurez-vous, d'une part, des citoyens élevés dans une noble et belle moralité, prêts à retourner aux ateliers d'où ils sortent; et, de l'autre, serez-vous préservés de cette nuée de gens de plumes, marchands de paroles, manipulateurs de pensées bonnes ou mauvaises, et qui, faute d'en trouver chez eux-mêmes, s'acharnent sur celles des hommes les plus faits pour honorer leur pays.

Qu'on ne s'y trompe pas! les maîtres qui conviennent à une pareille institution, ne peuvent ni ne doivent être les premiers venus. Ce qu'il y a de plus distingué dans la science, de plus pur dans la morale, n'est pas de trop. Si on nous a bien compris, on aura observé que nous parlons de leur confier la véritable pépinière de l'état, et qu'à certains égards, le reste n'est guère destiné qu'à en être l'ornement. Nous gagerions encore que, si la France est réservée à voir planer sur son sol quelques-uns de ces génies auxquels il est donné de marquer leur époque, et de la frapper d'un sceau particulier, c'est de la première classe qu'ils sortiront, ou que, du moins, elle leur aura servi de berceau.

Dans ce système, que nous nous proposons de développer, si on nous en laisse le temps, plus de demi-bourses, plus de bourses entières à distribuer; plus de censeurs, plus d'économes et de proviseurs à nommer. MM. les ministres le voudront-ils ? Il est permis d'en concevoir quelques doutes.

CHAPITRE VII.

Résumé.

Si nous n'avons pas joué un rôle d'imposteur déhonté, et si le public n'a pas une double taie sur les yeux, il résultera, pour ce dernier, de la lecture des six chapitres précédens, qu'en France toutes les parties du service public, depuis une année révolue, sont livrées à la contre-révolution. Elle ne prend pas la peine de se cacher; à ses manières aisées, on la dirait chez elle; et il est évident qu'on lui a laissé toutes les portes ouvertes, tant son irruption a été prompte et générale! Le grand Bossuet passe pour avoir forcé son sujet, en concentrant, dans un cadre assez étroit, toutes les notions historiques, et en plaçant sur le devant de son tableau, une petite peuplade presque ignorée, à laquelle il subordonne les empires: le ministère n'a pas fait moins que l'aigle de Meaux. Le corps politique, comme un malade saturé de gayac, sue la contre-révolution par tous ses pores. Elle est partout, excepté dans l'opinion publique, aux prises avec elle. Faut-il attendre tranquillement l'issue de cette lutte? Non, cela serait imprudent. Ce serait même, de part et d'autre, jouer trop gros jeu. Peuples ou rois, il n'y a que les insensés qui fassent leur va-tout. La chute violente de l'échafaudage contre-révolutionnaire pourrait entraîner des êtres qui doivent nous être respectables et sacrés jusque dans leurs erreurs ; la chute de la liberté aurait également toutes nos larmes : mais la cause du genre humain, si elle n'était perdue, serait ajournée.

Nous n'ignorons pas que tel est le privilége des gouvernemens une fois établis, même des plus contraires au génie des peuples (et c'est une chose à laquelle on n'a pas fait assez d'attention, en voyant se former le dernier ministère), que l'équilibre s'y soutient long-temps presque par la seule pesanteur des masses. Mais cet axiome s'applique plus particulièrement aux vieux gouvernemens. Le nôtre n'appartient plus à cette catégorie; d'ailleurs, il a été lancé sur une telle pente que l'autorité, eût-elle le sentiment de son péril, ne pourrait ralentir une course qui s'accélère par l'espace parcouru. Arrêtée ici, la machine sera nécessairement poussée dans les provinces.

On nous demandera, pour la dixième fois, si nous voulons que le trône rende les armes à la démocratie, et nous répondrons, pour la dixième fois, que la démocratie n'est point à craindre pour le trône. La démocratie française veut le trône; elle le veut avec les Bourbons; elle en a besoin; elle est dans une telle position qu'elle devrait aller les chercher au bout du monde, si elle ne les avait pas. Lisez :

Les nations, comme les êtres animés, dans leurs crises, ont le sentiment de ce qui peut les soulager, ou de ce qu'il faut à leurs besoins. C'est une opinion assez généralement répandue en France, que cette branche de la famille de Henri IV, qui réside actuellement sur le territoire, est nécessaire à notre repos; on se le dit encore dans le mécontentement presque universel des esprits; et pourtant, il faut le reconnaître, le prestige qui accompagnait la royauté, et qui ceignait si bien d'une auréole de gloire les représentans d'une longue suite de rois, a perdu beaucoup de sa force en Europe. Des lumières mieux dirigées d'une part, de l'autre une conduite mieux soutenue dans l'intérêt public, feront renaître ce prestige. Si cet instinct, que nous pourrions nommer bourbonique, parle, il a quelque part sa source, il a ses motifs.

Il nous semble qu'en haute politique, on pourrait dire : « Malheur aux nations qui ont une couronne à donner! » L'histoire du genre humain serait prête à confirmer cet axiome. Que serait-ce, si un peuple, pour satisfaire toutes les prétentions qui viendraient l'assaillir, était forcé de souhaiter d'avoir à sa disposition trois ou quatre couronnes? Jetons les yeux autour de nous; expliquons-nous une fois pour toutes; rassurons les Bourbons, s'il faut les rassurer; rassurons-nous nous-mêmes, et affermissons-nous dans la route constitutionnelle, la seule qui nous soit praticable.

Admettez un instant ce qu'il répugne à notre pensée de supposer :.. il n'y a pas une puissance prépondérante en Europe qui ne prétendît et qni, par sa position, ne dût prétendre à nous donner un roi de sa façon, et il n'y a pas un de ces rois qui ne fît promptement un parti dans l'état. L'Autriche accourrait en invoquant des alliances funestes et des traités qu'elle a violés; avide de s'ingérer dans les affaires de France, elle aurait tout prêts à notre service des armées et des conseils *tutélaires*. Tel cabinet, dont l'intérêt sera toujours d'allumer des querelles sur le continent, parce que le fruit lui en revient toujours, avec deux limes et une frégate, le mettrait en feu. Pour simplifier la question suivant lui, mais pour la compliquer suivant nous, un autre voisin, fort d'un grand appui, offrirait une limite désirée, et, quelle que fût la rigueur du sort envers les Bourbons, certes, l'un d'eux, en ligne directe ou collatérale, trouverait un asile dans quelques cœurs et dans quelques coins de cette France si long-temps régie par le sceptre paternel de ses aïeux.

Ce que, dans une superbe strophe, le critique Fréron a dit du triste destin de l'une de nos provinces comparée, par lui, à des entrailles sans cesse renaissantes pour fournir une pâture au vautour fabuleux, se réaliserait à l'instant dans notre infortunée patrie. Où serait-elle cette patrie? où la prendrions-nous? Serait-ce des serres de l'aigle autrichien que nous consentirions à la recevoir? Est-ce sous les ongles du lion britannique que nous irions la chercher? ou par hasard croirions-nous la trouver sous le drapeau de la Hollande? Voilà, n'en doutons pas, notre véritable position, dont la conscience agit, dans chacun de nous, presque à son insu. Voilà le secret de cet instinct qui dit à tout ce qu'il y a de bon, de modéré, d'ami du pays, qu'il faut naviguer avec la dynastie de Henri IV. O France! tu resteras aux Bourbons, ne fût-ce que par égoïsme, et l'égoïsme collectif est le patriotisme des peuples. Mais les Bourbons, ne fût-ce que par le même sentiment, doivent protéger tes libertés; ils ne peuvent qu'en frémissant, et la mort dans l'ame, arrêter leurs yeux sur les chances dont nous venons de tracer le tableau, dût celle que nous nous plaisons à regarder comme le plus en rapport avec le bonheur public, triompher de toutes les autres!

AU PEUPLE FRANÇAIS.

Votre position est triste, mais elle n'est point désespérée ; elle ne le deviendrait peut-être que par des mouvemens politiques désordonnés dont il faut vous abstenir. Les émeutes et les séditions sont les coups d'état des peuples, et généralement ceux-là ne valent guère mieux que ceux des rois, à moins que les princes eux-mêmes ne jugent à propos de rentrer par eux dans la route constitutionnelle, mais alors ils ne sont plus des coups d'état.

La Charte, quoique violée dans le double vote textuellement interdit par l'article 1.er, et en esprit par les élections partielles auxquelles s'oppose l'article 40, existe toujours pour vous. Respectez-la même dans ce qui vous en semblerait le moins favorable à vos intérêts ; c'est le moyen de la reconquérir tout entière.

Vos députés, nommés par vous quand ces deux articles ont été religieusement observés, n'ont eu d'autre désir que de bien mériter de leur pays ; ils sont à leur poste : malgré leur petit nombre, votre patrie leur en fait encore un devoir. C'est un mensonge impudent que de représenter leur opposition comme hostile au Roi et à son auguste dynastie. Non, les Royer-Collard, les Camille Jordan, les Dupont de l'Eure, les Saint-Aignan, les Girardin et tant d'autres destitués irréprochables, n'ont point rêvé la vacance du trône; mais ils n'ont pas rêvé, non plus, la vacance du peuple français et sa spoliation, parce que l'un serait aussi criminel et peut-être plus téméraire que l'autre.

Ce qui vous reste à faire est d'obéir dans la sphère de vos devoirs, mais de vous borner là. Dans l'état actuel de l'Europe, un gouvernement où l'on ne fait qu'obéir est un gouvernement obligé à changer sa marche sous peine de s'éteindre; nous le savons : mais le suicide ne s'ordonne ni ne s'accepte.

Nous disons dans la sphère rigoureuse de vos devoirs : c'est vous exempter de l'exécution de tout ce qui est manifestement contraire à la loi; et l'impéritie ou l'abus de pouvoirs de plusieurs de vos nouveaux administrateurs, vous donne aujourd'hni ample matière à l'examen.

Par exemple, dans le département auquel nous avons l'honneur d'appartenir, est-ce que la clameur publique ne nous a pas appris qu'exempt de torts quelconques, un citoyen français a reçu l'ordre de sortir de Brest, que cet ordre lui a été intimé par un chef militaire dont il n'a jamais dépendu (M. le général Lauriston), et que cet ordre ne lui laissait la faculté de retourner dans ses foyers que par une route prescrite, tellement qu'il était enjoint aux gendarmes de Landerneau de le replacer sur celle de Morlaix, s'il avait voulu suivre celle de Quimper, où se faisaient alors les élections.

Une circulaire a été adressée par le préfet de ce même département, aux maires de deux cent quatre-vingts communes, pour les inviter à rétablir les croix et les calvaires *partout où ils se voyaient avant la révolution*. Cette lettre est tellement pressante par ses expressions, par la nature des temps où nous sommes, par la demande faite au nom du prince nouveau-né, que son oubli serait, pour le moins, une maladresse de la part des fontionnaires qui l'ont reçue. On renvoye ces derniers, pour cette œuvre de restauration, à la générosité de leurs administrés; à défaut de celle-ci, on déclare que l'on est prêt à autoriser un prélèvement des frais sur les *fonds réservés* de la caisse communale, mis par la loi à la disposition des préfets.

Dans cet acte tout est irrégulier. Un don de près d'un demi-million (car il ne faudrait pas moins pour rétablir les croix qui existaient dans le Finistère avant 1789, dont les débris sont actuellement épars, et qui étaient presque toutes construites en granit), un tel don, dis-je, demandé au nom d'un préfet, prend un caractère officiel, et retombe dans la classe des contributions, que nul, sous peine d'être traité comme concussionnaire, ne peut lever sur le peuple sans une loi. Ici la demande équivaut à un ordre. Qui oserait s'y refuser à présent, en face d'un maire presque partout gentilhomme, d'un sous-préfet et d'un curé? Qui voudrait être noté comme révolutionnaire ou jacobin sans religion? Par le fait, il y a dès-lors impôt (21).

Mais l'allocation sur le budget communal est peut-être encore plus remarquable : si les municipalités font quelques économies, elles n'ont donc plus ni chemins vicinaux à réparer, ni enfans trouvés à substanter, ni nécessiteux à secourir, ni arbres à planter pour l'assainissement des rues et des places publiques! Il est vrai que M. le préfet leur recommande des plantations de croix, qui sont un peu davantage à l'ordre du jour. Avant d'ouvrir à cet effet les caisses particulières des communes, n'eût-il pas semblé décent d'autoriser MM. les maires à convoquer leurs conseils municipaux, qui eussent eu au moins l'air de délibérer sur un tel emploi de fonds?

Français, ces actes rentrent dans la catégorie de ceux auxquels vous pouvez vous refuser avec décence, mais hautement; et quelque réduit, par comparaison, que soit le nombre des députés dont vous invoquerez l'appui en pareille conjoncture, soyez persuadés qu'il en restera encore assez pour vous préserver de l'oppression. M. Maine de Biran n'ayant pas achevé de développer sa proposition inconstitutionnelle, il vous reste l'article 53 de la Charte; la voie des pétitions écrites n'a pas cessé de vous être ouverte, en matière d'intérêt public. Déposez l'expression fidèle et respectueuse de vos vœux chez les notaires d'arrondissement; faites des supplications au Roi; ne leur donnez pas même le caractère des remontrances des anciens parlemens (tant de hardiesse ne conviendrait pas à votre humble fortune); demandez-en acte aux officiers publics; et si la violence essayait de soustraire les minutes à cet asile sacré de vos pensées les plus douloureuses, souvenez-vous que, tant que nous serons ici, ce sera pour y recueillir vos plaintes.

AU ROI.

Sire,

Permettez que l'un de vos plus fidèles et respectueux sujets dépose ces remarques au pied de votre trône, dans l'espérance que Votre Majesté daignera abaisser sur elles un seul de ses regards. Elles sont sorties toutes brûlantes de mon cœur; je les ai jetées sur le papier, pour cesser, par l'accomplissement d'un devoir, d'en être oppressé moi-même. Sans secours d'aucune espèce, j'ai passé quinze jours, et je pourrais dire quinze nuits, à tracer les sept chapitres dont elles se composent. C'est avec cette époque de ma vie que, bon Français non moins que fidèle sujet, je compte demander grâce pour les autres, en présence de votre Roi, comme vous êtes le mien. La révolution est faite : consacrez-la, SIRE; ôtez-lui à jamais le soin de sa propre conservation. La marche suivie maintenant est une marche d'erreur ; elle est fausse, entièrement fausse et destructive de votre propre ouvrage. Votre peuple ne pourrait se regarder comme représenté par les choix de vos préfets; votre parlement ne vous concilierait ni force ni amour, et VOTRE MAJESTÉ pourtant y a droit. Ce n'est qu'avec le pays que vous aurez le pays, et que vous le ferez respecter de l'étranger, ainsi que votre auguste personne. Il est à vous, SIRE, mais non au privilége!

On trompe VOTRE MAJESTÉ, en offrant sans cesse à ses yeux la nation dans un état d'hostilité contre votre dynastie; on vous trompe, SIRE, en vous disant sans cesse que les députés sont malveillans. C'est qu'on veut opprimer le peuple par son prince, et lui enlever ce que vous lui avez confirmé dans votre bonté royale, ce qui lui appartient légitimement. C'est une tentative de sacrilége contre vous-même; c'est l'abus des choses saintes. Des projets aussi insensés tomberont, car la France éplorée a tendu ses bras vers VOTRE MAJESTÉ. La patrie, vous redemande sa force, dont elle ne veut confier l'emploi qu'à vous seul; n'êtes-vous pas en effet notre Roi, aussi respecté que chéri? n'êtes-vous pas encore notre père et notre compatriote? C'est à vous, à vous-même que nous nous adressons; et n'est-ce pas dans les grandes douleurs qu'il convient d'approcher des autels?

SIRE, daignez agréer les vœux et les espérances de celui qui est, avec un profond respect,

De VOTRE MAJESTÉ,

Le sujet fidèle et soumis, KÉRATRY, député librement élu par votre département du Finistère, à la session de 1818.

décembre 1820.

NOTES CONFIRMATIVES

DE

L'ÉCRIT CI-DESSUS.

NOTE PREMIÈRE.

Six semaines s'étaient écoulées depuis le moment où j'avais publié mes *Documens historiques*, jusqu'à celui où parut l'ordonnance de convocation des colléges électoraux. Dans cet intervalle de temps, tous les journaux consacrés à la cause de l'oligarchie, ou dévoués à celle d'un ministère qui a su se faire une cause séparée de tous les intérêts, attaquèrent mes pages, et presque tous avec mauvaise foi. N'ayant pas une feuille ouverte à mes réclamations, pas même celle à la création de laquelle j'ai contribué, je m'abstins sagement de toute réponse. Tronqué, mutilé dans mes raisonnemens les plus serrés, dans mes allégations de faits les plus décisifs, j'eusse fini par avoir l'air d'être battu. C'est ce qu'on voulait, et c'est aussi ce que je devais éviter. Je fus confirmé dans cette dernière résolution par le refus formel que je reçus de la commission de censure, à laquelle j'avais demandé la libre disposition de trois colonnes d'un journal quelconque, m'engageant à y réfuter mes adversaires sur leurs prétendus points de doctrine comme sur leurs citations falsifiées des événemens qui occupaient l'attention publique. Sous divers titres, quatre brochures furent opposées à la mienne, sans m'enlever à mon silence, quoique l'une contînt des mensonges réels et injurieux à mon caractère. Accusé par elle d'avoir été le complaisant de MM. les ministres, avant mon opposition, sur la date de laquelle on ne se trompait que de six mois, de recruter pour eux des voix dans la chambre, de serrer affectueusement la main des gens en place, d'avoir dîné chez M. le duc Decazes au mois de février dernier, j'eusse pu répondre que ma désapprobation formelle d'une innovation dans nos lois radicales a été consignée et motivée dans le *Courrier* quatre mois avant l'ouverture de la session de 1819, à l'époque où ce journal, égaré par des vues de perfection intempestives, ouvrait une brèche par laquelle l'ennemi, ainsi que je l'avais prévu, n'a pas manqué de se ruer dans le corps de la place; j'eusse pu rappeler que, devant cinquante personnes présentes à son cercle, j'ai reproché à M. le comte Decazes de n'avoir pas tenu la parole qu'il m'avait donnée de rétablir dans les bureaux du ministère de l'intérieur un homme de lettres estimable, M. Aubert de Vitry, et que le député du Finistère, représenté comme très-coulant devant le pouvoir, par le soi-disant *électeur Picard*, ne craignit pas de braver le mécontentement public de l'homme honoré de l'amitié du monarque, car, pour peu que l'on me connaisse, on n'ignorera pas qu'il ne saurait exister pour moi ni faveur ni disgrâce; j'eusse pu affirmer que M. le baron Louis m'ayant semblé se plaindre de mes instances au profit de quelques compatriotes méritans de mon département (les seules que je me sois permises), je le priai formellement, à sa propre table, de ne m'inviter à aucun de ses repas, même de famille, auxquels il voulait bien m'admettre, s'il n'entendait pas que je pusse l'entretenir librement des personnes dont les droits et les titres m'étaient démontrés; j'eusse pu déclarer que je n'ai jamais serré la main que de ceux que j'estime, qui se disent mes amis, et que je crois tels; que je serais un mauvais collecteur de suffrages dans la chambre à laquelle j'ai l'honneur d'appartenir, le mien n'étant acquis à qui que ce soit qu'après la discussion; qu'ainsi, que je ne me suis point assis aux fêtes de l'étranger, je ne mangerai jamais le pain de ceux qui attaquent les libertés dont la confiance publique m'a constitué le défenseur, ce pain, comme celui dont parle l'Écriture, étant pour moi rempli de gravier; que, par conséquent, celui qui prétend m'avoir vu prendre place à des tables ministérielles en février dernier, et qui sans doute y assistait lui-même, est dans une ignorance non moins complète de ma figure que de mon caractère, ou a menti impudemment; car malgré l'amitié que je professe pour M. le duc Decazes, malgré ma persuasion intime de son entraînement involontaire dans les voies de perdition, vers lesquelles on fait rouler le char de la monarchie, j'atteste que j'avais cessé de passer le seuil du ministère de l'intérieur quatre mois avant le fatal 13 février, si ce n'est qu'alarmé par le bruit public sur la santé de M. Decazes, je crus devoir aller m'inscrire chez son portier, en témoignage de notre ancienne liaison et d'un intérêt que l'amour de mon pays refoulait au fond de mon cœur.

Article rejeté par la Censure, et qui servira de réponse aux prochaines attaques des journaux.

Le *Journal de Paris* a consacré dix colonnes et plus à l'examen de la dernière production politique de M. Kératry, connue sous le titre de *Documens pour servir à l'histoire de France en* 1820; car les deux articles spécialement employés à la critique de cette production, et les deux suivans, à la louange de la brochure qu'il attaque encore, et qui est mise dans la main du public comme un second *fil d'Ariane*, n'ont qu'un même but, c'est-à-dire, celui de combattre les assertions et les opinions de M. Kératry. Or, voici ce que nous avons entendu de la bouche de cet écrivain; c'est qu'il s'engage à réfuter dans trois colonnes la brochure de M. L., en ce qui concerne les *Documens*, et même les dix colonnes du *Journal de Paris* sur la même matière, dans un des prochain numéros du *Courrier francais*, à la seule condition de pouvoir le faire librement : c'est sur quoi M. Kératry attend une décision. Nous sommes autorisés par lui à déclarer que la commission de censure, en rejetant l'insertion de cet article, donnera un témoignage de refus de la proposition faite; il observe avec motif que là où il n'y a point d'arène ouverte, on ne saurait entrer en lice. Sa première et même sa seule condition est renfermée dans la demande de trois colonnes d'un journal, mais avec l'autorisation de les remplir, sans que la commission de censure y ajoute ou en retranche.

NOTE II.

La politique ne porte pas seule le deuil de nos libertés. M. Cousin est banni de la faculté des lettres, que jeune encore, il honorait par la maturité de son talent. On assure qu'il y a dans cette affaire des détails odieux. Le résultat définitif est que, malgré l'article équivoque et perfide du *Moniteur*, après cinq années d'honorables exercices, M. Cousin se trouve sans titres, sans fonctions et sans traitement. Il est vrai que M. Royer-Collard, dont la loyauté et la délicatesse ne se démentent jamais, offrait à celui qu'il appelle toujours son suppléant, une demi-solde que l'autorité pressa, dit-on, M. Cousin d'accepter. Mais le jeune professeur de philosophie morale refusa de participer en aucune manière à un traitement auquel on lui avait enlevé tout titre légal. Ceux qui connaissent la situation domestique de M. Cousin, apprécieront le mérite de ce refus.

Et qu'enseignait-il donc qui pût provoquer ainsi la colère et les coups de l'autorité? Il enseignait qu'il y a dans l'homme un élément dont l'essence et les lois n'ont aucune analogie avec les phénomènes et les lois de la matière, que la sensation et ses métamorphoses ne peuvent expliquer, auquel l'univers extérieur sert de théâtre et non de base, qui se saisit et se proclame lui-même dans le sentiment de tout acte véritable, de tout acte volontaire et libre. Il enseignait que, la grandeur et la loi de tout être étant la fidélité à sa nature, la dignité et la sainteté de l'homme résident dans la liberté qui le constitue; que le devoir, dans son expression la plus simple à la fois et la plus élevée, est le maintien de cette liberté contre tout ce qui lui est étranger et ennemi, contre les passions, filles des sens et de la fatalité extérieure. Il enseignait que c'est là, dans l'empire sur soi-même, le retranchement de tout ce qui est passionné, le développement et la culture assidue de la liberté intérieure, c'est-à-dire de la pureté morale, que sont la vertu et la paix. Ce n'est pas tout, il enseignait encore que la vie et la mort sont des phénomènes indifférens par eux-mêmes ; qu'il n'y a de mortel en nous que les sens et la passion, et les élémens subalternes que le rapport inévitable des choses extérieures à l'ame mêle accidentellement à notre destinée ; que ce qui est libre des sens et des passions, ne passe point avec eux ; que l'élément de pureté est aussi l'élément de vie ; que si les conditions actuelles de cette existence phénoménale condamnent l'homme à l'imperfection, et rendent impossible sa pureté absolue, cette absolue pureté n'en est pas moins inhérente à l'essence de l'élément sacré qui habite dans l'homme, et que, le phénomène évanoui, la substance immortelle, délivrée des formes variables et périssables, est rendue à cette pureté, à cette unité, à cette liberté absolue à laquelle la vertu de l'homme aspire sans pouvoir l'atteindre.

Les idées politiques de M. Cousin étaient tout aussi simples, tout aussi inoffensives, que ses idées morales et religieuses.

Si la liberté est sacrée en soi, disait-il, elle l'est pour chaque homme qui la porte et doit la respecter en lui-même ; elle l'est pour tous les hommes, et leur impose à tous un respect et un culte réciproque.

C'est dans ce respect de la liberté de tous, par tous, qu'est le principe réel de la justice ; et par conséquent de l'ordre, et par conséquent de la paix. Ébranlez ce principe, énervez ses conséquences, à la place du respect de la liberté, vous introduirez plus ou moins la violence et l'iniquité, et le genre humain retombe dans l'état de guerre. Le respect de la liberté établi comme principe social unique, tous les devoirs et les droits sociaux s'en déduisent avec rigueur et facilité, et leur ensemble systématique fonde, avec le code des droits civils, la déclaration des droits et des devoirs qui précède et qui règle toute organisation positive. Cette organisation n'est autre chose que l'ensemble des institutions qui réalisent les droits individuels et universels, les font vivre et se mouvoir en quelque sorte, et incorporent la liberté à l'existence.

Mais quelque chose doit présider à la mise à exécution de ces lois, à l'établissement de cette organisation, à la garde de la liberté, à la répression des délits et des crimes, c'est-à-dire, aux iufractions plus ou moins graves à la liberté publique. De là l'idée de gouvernement institué pour réprimer et protéger, non pour entraver et pour asservir. Mais ce gouvernement, comment doit-il être composé? Ces institutions, comment les établir et les conserver? Toutes questions relatives au temps et aux circonstances, et que la spéculation n'embrasse point. M. Cousin n'est jamais descendu sur ce terrain glissant, réservé aux législateurs et aux publicistes de chaque pays. Il se contentait de poser en principe que la concorde et la fusion des droits, des lois, des institutions, du gouvernement et de toutes ses parties, constituent l'unité de la vie sociale, et que le fond de cette unité est le sentiment universel du respect de la liberté, la prédominance des élémens supérieurs de l'humanité sur les passions et les caprices, le règne de la vertu, la réalisation de la sainteté de l'homme, le triomphe de l'esprit sur la matière. Ainsi planait sur toutes les leçons de M. Cousin ; la grande figure de la liberté présidant à l'ensemble de la philosophie théorique et pratique, assise à la base, dominant le faîte, ordonnant, vivifiant, sanctifiant le système entier. Quoi de plus moral et de plus religieux qu'une philosophie où l'on retrouve à chaque pas les croyances les plus élevées de la nature humaine, l'idée de Dieu, pur et ineffable esprit dont l'homme est la sainte image, l'idée d'un ordre meilleur et plus parfait que celui de la terre, et que l'humanité doit s'efforcer de réaliser de son mieux ici-bas, par la pureté du cœur, le respect et l'amour des autres, le travail, le désintéressement, la justice et la paix?

Le cours de M. Cousin était fréquenté par plus de six cents auditeurs de tout âge. L'attention et le recueillement de l'auditoire, l'improvisation simple et abondante du professeur, ses travaux, son caractère, les systèmes les plus obscurs en apparence éclaircis par une exposition habile, l'intervention du grand nom de Platon, quelquefois celle d'un nom plus saint, imprimaient à ses leçons un caractère singulier de gravité et de profondeur. Les ames s'élevaient et s'affermissaient à cet enseignement sévère qu'importe : ils l'ont rejeté comme jacobin et comme athée.

Nous n'entendrons plus M. Cousin, mais nous nous en souviendrons toujours. On a pu lui enlever sa chaire; on ne l'arrachera pas du cœur de ses élèves. Cultivées fidèlement par ceux-ci, ses leçons et sa doctrine porteront des fruits durables. M. Cousin a pu être frappé dans sa personne, mais son école est à l'abri des coups du pouvoir.

NOTE III.

Il est inouï que, n'ignorant pas combien de mal l'esprit de corporation a fait au genre humain depuis que le monde existe, certains publicistes s'attachent à le perpétuer, au lieu de le détruire. L'homme est un centre auquel viennent aboutir plusieurs cercles eux-mêmes concentriques. Tout l'art du législateur est d'étendre ces cercles, ou au moins de leur faire embrasser l'ensemble de la société à laquelle l'individu appartient; c'est ainsi que par des peines ou des récompenses sagement ménagées et appropriées, autant qu'il est possible, à la dignité de notre nature, on conduit chacun de l'amour de soi et de celui de sa famille, qui n'en est guère qu'une expansion, à l'attachement de ses compatriotes; et encore quelquefois, a-t-on le regret de voir cette dernière affection se renfermer dans des bornes trop étroites. Ainsi les tentes de Jacob, dans la Palestine, s'ouvrirent trop rarement à l'étranger; ainsi le patriotisme de Sparte ne fut guère qu'un égoïsme concentré dans une enceinte de murailles. Voyez où l'esprit de corps a mené les Abencérages, les Mamelucks, les Janissaires, les Abassides, les Templiers, les Jésuites et presque toutes les compagnies célèbres! à haïr autrui et à en être détesté. Il est évident que l'on cherche à reconstruire la noblesse en France. C'st un grand malheur pour elle-même, comme pour le pays qui ne comporte plus qu'une illustration personnelle et viagère. Le repos général y tient. Notre contrée riche et populeuse, par cela même qu'elle abonde en sujets faits pour l'honorer, ne peut plus aliéner le fonds de l'estime publique. Qui pourrait se plaindre dès qu'elle appelle tous au partage de l'usufruit? Qui voudrait la forcer à se jeter dans l'impuissance de reconnaître les services qu'elle recevra demain, après demain, ou à avilir d'avance, par une prodigalité mal-entendue, la seule monnaie avec laquelle elle puisse les payer sans s'appauvrir?

Tant que notre langage ne sera pas tout-à-fait comprimé, nous nous prononcerons contre le système des corporations, comme indigne de l'ère présente. Ce qu'il y a de remarquable, c'est que ses fauteurs se donnent en même temps, pour les soutiens exclusifs des opinions religieuses. A ce titre, ils ne devraient pas avoir oublié que le christianisme est venu renverser les barrières que l'orgueil avait élevées entre tous les frères d'une même famille!

Nous invitons le lecteur à jeter les yeux sur les lignes suivantes, sorties de la plume de l'un des collaborateurs du *Courrier*, M. Valentin de la Pelouze; nous aurons encore occasion d'employer un ou deux opuscules destinés vainement à ce journal : nous nommerons leurs auteurs, espérant qu'à la faveur de la reconnaissance qui leur sera due, nous obtiendrons grâce pour les bagatelles que nous aurons nous-même la hardiesse de présenter au public.

Article supprimé par la Censure, et que le public ne refusera pas.

DES MAJORATS BOURGEOIS.

Il n'est bruit dans les familles que de la proposition de M. le duc de Lévis, tendant au rétablissement du droit d'aînesse et des substitutions. *Les majorats bourgeois*, ainsi que les a qualifiés un de nos collaborateurs, ont déja opéré bien des divisions entre les frères et les sœurs. Comme l'on pouvait s'y attendre, l'aîné trouve le projet admirable, et il est le seul de son avis; le reste de la famille n'y voit rien de si beau, et forme un parti d'opposition qui serait formidable, si la raison et l'intérêt du plus grand nombre pouvaient être comptés pour quelque chose. Nous trouvons là une image fidèle de nation. Les oligarques se considèrent comme les aînés; si on les laissait faire, notre légitime, à nous autres pauvres cadets, serait bien mince. Il existe bien un contrat par lequel le père de famille a assuré le partage égal entre tous ses enfans; mais les caractères de ce document semblent pâlir tous les jours davantage, et il est bien à craindre qu'ils ne disparaissent bientôt tout-à-fait sous les derniers coups d'un funeste grattoir. Mais laissons-là la grande famille, ponr en revenir aux petites qui la composent. Nons connaissons une de celles-ci, où le petit dialogue suivant s'est établi, après une lecture faite en commun du discours de M. le duc de Lévis.

L'aîné. Le noble pair a raison; il faut recomposer la grande propriété.

Les cadets. Comment! Il a raison! Et que deviendrons-nous, nous autres?

L'aîné. Vous deviendrez...... vous deviendrez....

Mais ce n'est pas de cela qu'il sagit. Les intérêts particuliers doivent disparaître devant la raison d'état. D'ailleurs vous pouvez travailler, vous autres.

Les cadets. Ainsi, tu t'engraisserais à ton aise de nos dépouilles, pendant que nous gagnerions péniblement notre vie! En partageant également, nous ne serions riches ni les uns ni les autres, à la vérité; mais avec ce qui revient à chacun, on pourrait commencer un petit établissement, ou faire un mariage avantageux; au lieu qu'avec rien!...

L'aîné. Ce sont précisément ces mariages qu'il est important de contrarier. N'est-il pas prouvé que la population est déja trop forte, et qu'il faut l'empêcher de s'accroître encore?

Les cadets. Mais cela empêchera-t-il la population sans mariage? et celle-ci ne s'augmentera-t-elle pas en raison directe des obstacles mis à l'accroissement de l'autre?

L'aîné. Ma foi! je n'en sais rien, et ne m'en soucie guère; l'essentiel, pour moi et pour l'état, est que je sois deux fois électeur comme mon père; que mon fils aîné le soit comme moi, et ainsi de suite jusqu'à la consommation des siècles ou du gouvernement représentatif. Vous sentez bien qu'en partageant également, cela serait impossible, et le salut de l'état exige......

Les cadets. Oui, nous voyons combien il importe au salut de l'état qne l'on fasse de toi un riche oisif à nos dépens; mais nous verrons: nos pairs et nos députés du côté gauche combattront pour la justice, ils sauront soutenir une si bonne cause, et il faudra bien qu'on se rende à l'évidence.

L'aîné. Ah! oui, l'évidence! nous verrons un peu

cela ; d'ailleurs, nous savons bien comment l'on ferme les bouches importunes : *La clôture ! la clôture !* Et puis l'on vote sans que le bon côté daigne même prendre part à l'entretien. Ne vous en souvenez-vous plus ? Mais, à propos, vous voilà devenus libéraux en bien peu de temps : qu'avez-vous donc fait si vite de votre royalisme, vous autres ?

Les cadets. Notre royalisme est toujours le même ; mais nous nous apercevons que nous avons fait fausse route, et nous en changeons avant qu'il ne soit trop tard.

L'aîné. Allons, allons, ne vous fâchez pas ! Je vais vous mettre dans le secret. Après les majorats, viendront les canonicats, les bénéfices, les prébendes, et puis certains petits changemens à la loi du recrutement. Vous voyez qu'on vous prépare de bons dédommagemens. Mais *motus* au moins ; car je crains qu'on ne se soit trop pressé d'un grand mois, malgré ce qu'en disent nos amis *les impatiens*.

Les cadets ne répondirent plus ; mais le plus malin d'entre eux, qui se mêlait de poésie, profita du silence général pour lire une fable qu'il prétendit avoir composée le jour même. Nous en avons pris copie pour la transmettre à nos lecteurs, et la voici :

Les animaux domestiques offrant leurs services à l'homme.

L'âne, le chien, le chat, la vache, le cheval,
Le bélier et le singe (il marchait à leur tête),
Voyant que séparés leur cuisine allait mal,
S'en vinrent présenter à l'homme une requête
Pour qu'il les prît sous sa protection.
L'homme y consent, mais avec cette clause,
Qu'on sera bon à quelque chose,

Ou sinon,
Non.
L'âne aussitôt se met à braire;
L'homme de rire. — « Par ma voix
» Ne juge pas mon savoir-faire;
» Mets sur mon dos cette charge de bois,
» Dis où tu veux que je la porte. » —
« Moi, dit le chien, je garderai ta porte,
» Et te jure fidélité. » —
« Aux souris, dit le chat, je fais guerre éternelle;
» Je défendrai ton grain de leur rapacité. » —
Et la vache : « Cette mamelle
» Du nectar le plus pur nourrira tes enfans. » —
Et le belier offre sa laine
Pour leur servir de vêtemens. —
Fièrement le cheval du pied frappe l'arène :
« Monte, dit-il à l'homme, et parcourons la plaine. » —
« Mais vous ne dites mot, monsieur, du singe, vous?
» Parlez : que ferez-vous pour nous? » —
« Veux-tu me comparer à pareille canaille?
» Animal tel que moi! tu prétends qu'il travaille?
» Ton égal, à peu près! » — Eh! que désires-tu? » —
« Être bien nourri, bien vêtu,
» Sauter et gambader, et n'avoir rien à faire,
» Vivre en un mot en grand propriétaire.
» Je vaux seul plus qu'eux tous, soit dit sans vanité;
» Et je veux comme tel être représenté;
» Quand de nos intérêts tu régleras l'affaire. » —
« L'inutile n'est pas mon fait,
» Lui dit l'homme, et le chasse. » Il eut grand tort, sans doute.
En admettant certain projet,
Nos Solons d'aujourd'hui vont suivre une autre route :
Je dis qu'ils ont raison, car je crains le guichet.

VALENTIN LA PELOUZE.

NOTE IV.

Protocole séparé de la Conférence, du 22 sept. 1814.

La discussion s'est établie sur la pièce relative aux formes du congrès, qui doit être remise aux plénipotentiaires de France et d'Espagne; les ministres réunis l'ont approuvée après y avoir fait quelques changemens.

Ils ont même observé, à la lecture de cette pièce, que c'est uniquement *pour ne point donner ombrage*, et ne point choquer la cour de France, qu'ils n'ont pas donné tous les développemens nécessaires à l'article 3, qui parle de l'*initiative que les quatre cabinets devront prendre*. Il leur a paru, par cette raison, doublement nécessaire de fixer d'une manière bien précise *entre eux*, le mode de discussion qu'ils veulent établir à cet égard, et la différence entre la délibération des QUATRE et celle des SIX puissances, et ils ont arrêté pour cet effet,

1° Que les quatre puissances seules peuvent convenir entre elles sur la distribution des pouvoirs devenus disponibles par la dernière guerre et la paix de Paris, mais que les deux autres doivent être admises après pour énoncer leurs avis, et faire, si elles le jugent à propos, leurs objections, qui seront pour lors discutées avec elles;

2° Que, pour ne pas s'écarter de cette ligne, les plénipotentiaires des quatre puissances n'entreront en conférence avec les deux autres sur cet objet, *qu'à mesure qu'ils auront terminé entièrement*, et jusqu'à un parfait accord entre eux, chacun des trois points de la distribution territoriale du duché de Varsovie, de l'Allemagne et de l'Italie;

3° Que, pour se ménager tout le temps nécessaire pour ces discussions préalables, ces plénipotentiaires tâcheront de s'occuper, en attendant l'ouverture du congrès avec les deux autres, des questions d'une autre nature, où tous les six ont le plein droit d'entrer comme partie principale dans la discussion.

Les trois principes ont été motivés, durant la conférence, de la manière suivante :

La disposition sur les provinces conquises appartient, par sa nature même, aux puissances dont les efforts en ont fait la conquête. Ce principe a été consacré par le traité de Paris lui-même, et la cour de France y a préalablement consenti, car l'article 1er secret du traité de Paris dit, de la manière la plus précise, « Que la disposition à faire des territoires sera réglée au » congrès sur les bases arrêtées par les puissances alliées » entre elles. » Les termes *arrêtées* et *arrêtées entre elles* expriment clairement qu'il ne s'agit point ici ni de simples dispositions, ni de discussions où la France prendrait part. Il n'est pas dit non plus où et comment ces bases doivent être arrêtées, et ce serait une interprétation entièrement arbitraire et injuste, si l'on voulait soutenir qu'on n'avait entendu par là que le contenu du traité déjà existant entre les alliés.

Mais la France ayant passé sous un gouvernement légitime, les quatre puissances alliées n'entendent pas vouloir éloigner ni elle, ni l'Espagne, de toute discussion sur la distribution des territoires, en autant que ces puissances y ont un intérêt particulier, ou bien qu'elle regarde l'intérêt de toute l'Europe, ainsi qu'elles en auraient éloigné la France, si la paix avait été conclue avec Napoléon.

Ainsi, des trois nuances qu'on aurait pu établir à

l'égard de ce point, de n'y être point admis du tout, *de n'y être admis que lorsque les autres parties sont déjà d'accord entre elles,* de reconnaître d'avance tout ce que les autres arrêteraient, la seconde est évidemment celle à laquelle la France a droit de prétendre, mais à laquelle elle doit se borner.

Il y aurait d'ailleurs un inconvénient extrême à en agir autrement. Si la France n'est admise que lorsque les quatre puissances sont déjà d'accord entre elles, elle n'en fera pas moins toutes les objections qu'elle croira convenable pour sa propre sûreté et pour l'intérêt général de l'Europe; mais elle n'en fera pas d'autres. Si elle assiste à la première discussion, elle prendra parti pour ou contre chaque question, qu'elle soit liée à ses propres intérêts ou non; elle favorisera ou contrariera tel ou tel prince d'après des vues particulières, et les petits princes d'Allemagne seront invités par là à recommencer tout ce manége d'intrigues et de cabales qui, en grande partie, a causé le malheur des dernières années.

C'est pourquoi il est de la dernière importance de n'entrer en conférence avec les plénipotentiaires français que lorsque cet objet sera entièrement terminé.

Approuvé: Metternich, Hardenberg, Humbold, Nesselrode.

I agree to the proposal contained in the annexed protocol for the conduct of business, conceiving the four powers as the parents and projectors of the treaty of Paris to be the parties the best entitled and the most qualified to propose the arrangements necessarily arising out of them.

I consider however the arrangements when so brought forward to be open to free and liberal discussion with the other two powers as friendly and not hostile-parties.

With respect to the expression « terminé entièrement et jusqu'à un parfait accord, » I wish to be understood as desirous of making every suitable concession of my own sentiments to those of my colleagues, for the purpose of unanimity; but that I cannot consent to be absolutely bound by a majority, and must reserve to myself to make such avowal of my dissent, if such should unfortunately occur, as the circumstances may appear to me to call for on the part of my court.

Signed CASTLEREAGH.

Vienna, 3 Sept. 1814.

Vu et approuvé, METTERNICH, NESSELRODE, HARDENBERG, HUMBOLDT.

NOTE V.

QUEL est le but de la nouvelle organisation militaire? On ne le voit que trop, celui d'écarter des cadres près de 3500 officiers et sous-officiers qui ont donné des gages d'attachement à leur pays; car la difference, entre les deux actifs, n'est pas telle que l'on puisse se flatter d'y trouver une économie. Une réduction de dix-huit bataillons n'est point un objet important; mais dans des vues que je ne saurais ni interpréter ni qualifier, il a paru l'être de changer ou de recomposer le corps supérieur. Quand est-ce donc que les débris de cette pauvre vieille armée, qui a eu le malheur d'assurer pendant vingt-cinq ans l'indépendance nationale, cesseront d'être agités au gré de tous ceux que leur présence importune? La réponse est dans la question même.

Nous plaçons sous les yeux du lecteur un état comparatif et différentiel des deux opérations. Il pourra tout seul en apprécier les avantages et les inconvéniens;

nous garantissons l'exactitude de ce relevé, fait sur les tableaux avec tout le soin que nous avons pu y apporter.

SITUATION DE L'INFANTERIE,

Composée de 94 Légions départementales.

2 Légions à 4 bataillons............	8 bataillons.
52 Légions à 3 bataillons............	96
52 Légions à 2 bataillons............	104
1 Légion (bis) à 3 bataillons........	3
7 Légions (bis) à 1 bataillon........	7
94 Légions.	218 bataillons.

Ce qui forme, à 8 compagnies par bataillon..	1744 compagnies.
Plus, 206 compagnies de dépôt............	206
Total des compagnies...........	1950

Tableau des Officiers, Sous-Officiers et Soldats composant les 94 Légions.

Colonels.	Lieutenans-colonels.	Majors.	Chefs de bataillon.	Adjudans-Majors.	Trésoriers.	Capitaines d'habillem.	Porte-Drapeaux.	Aumôniers.	Chirurgiens et Aides.	Capitaines.	Lieutenans.	Sous-Lieutenans.	Adjudans, Sergens-majors, Sergens et Fourriers.
94	94	94	218	304	94	94	94	94	282	2036	1950	1950	12136
Nouvelle organisation.													
80	80	80	200	200	80	80	80	80	240	1600	1600	1600	10000
Renvoyés ou disponibles par l'effet de la nouvelle organisation composée de 40 régimens à 3 bataillons, et 40 à 2 bataillons, y compris l'infanterie légère.													
14	14	14	18	104	14	14	14	14	42	436	350	350	2136

Force des caporaux, tambours et soldats des 94 légions.	124800
Force des caporaux, tambours et soldats des 80 régimens.	118400
Différence.	6400

Nous croyons avoir rendu simplement justice à l'armée dans le chapitre que nous lui avons consacré; mais, sans méconnaître la dette contractée par la patrie envers nos braves militaires, nous croyons également que notre reconnaissance doit se borner à appeler sur eux les bienfaits du gouvernement, ou au moins à les préserver d'un oubli qui blesse leur amour-propre, sans qu'elle nous conduise à épouser, dans cette matière, le système d'engouement suivi par quelques écrivains exaltés. Certes, nous honorons l'armée, et nous nous flattons, à ce sujet, d'avoir mis dans nos paroles un accent de conviction; mais de ce qu'un homme a protégé de son épée, son pays, de ce qu'il l'a fait respecter au dehors, il ne s'ensuit pas qu'il doive avoir de plein droit l'entrée des conseils du prince, s'asseoir dans le premier sénat du royaume, ou venir représenter la nation dans l'autre. Ces diverses fonctions exigent des qualités particulières et personnelles dont il faut faire preuve. Nous n'insisterons pas sur celle du talent et des connaissances acquises; le Français est ingénieux, et s'il ne se forme promptement à l'art de la parole, au moins se met-il assez vite de niveau avec les sujets soumis à son examen. Le lecteur pressent que nous entendons parler ici de ce respect du droit public et des libertés nationales, sans lequel nul ne devrait se permettre de songer à stipuler pour ses concitoyens, ou à les représenter dans nos assemblées législatives. L'habitude du pouvoir sans résistance est un antécédent malheureux à apporter dans les discussions, où s'agitent les droits de la cité. Quand on a commandé à une immensité d'hommes, quand au seul son de sa parole, on a vu se mouvoir des masses, et celles-ci décider par leurs mouvemens du sort des empires, on n'est que trop disposé à établir partout un régime, dont on a moissonné tous les honneurs et tous les profits. Cette propension, déjà naturelle à l'homme paisible, ne doit que trop s'accroître chez l'homme perpétuellement armé, et trouver, dans ses succès même, un nouvel aliment fatal aux institutions de l'intérieur. Dût notre sentiment être contrarié par quelques-uns de nos lecteurs, nous oserons dire que, dans ses distributions bien inégales, le gouvernement a traité chez nous les militaires avec un double excès de rigueur et de bienveillance. Les débris épars et méconnus de notre vieille armée déposent du premier; le nombre dominant des généraux dans la pairie dépose du second. Que serait-ce, si notre chambre des communes devenait presque exclusivement leur propriété, ainsi que nous avons vu des publicistes d'un jour en former le souhait aux approches des trois dernières élections?

Certes, nous avons à nous louer de la conquête de quelques beaux talens sortis des tentes et secondés par de nobles intentions. Il n'en est pas moins vrai que des citoyens jaloux de leur liberté doivent être en garde contre tout ce qui pourrait la mettre en péril. Disons notre pensée entière : à cet égard, le patriotisme a quelque droit de se montrer ombragenx. La concentration dans les mêmes mains des deux pouvoirs suprêmes de la société (ceux d'ordonner et de se faire obéir) a presque toujours été fatale aux institutions les plus solidement établies. Chaque page de l'histoire est un monument élevé à cette vérité de toutes les contrées et de toutes les époques. Les guerriers de profession, dans le maniement des affaires, tranchent et ne dénouent pas. Si cela est bon pour des pays de conquêtes, ceux où l'on a des constitutions à faire et des gouvernemens à fonder, s'en accommoderaient peu. L'épée doit sa protection aux lois; mais les lois s'écrivent mal avec la pointe de l'épée. Moïse était sur la montagne sainte, quand Aaron combattait dans la plaine : il nous semble que, pour l'intérêt de tous, le commandement militaire ne doit pas relever de lui-même. Devant qui s'inclineront les haches et les faisceaux, si ceux qui les portent, participent en trop grand nombre à la souveraineté? et pour qui la majesté des lois sera-t-elle sainte et redoutable, si l'homme qui ne marche que le fer au côté, en devient non-seulement l'organe, mais en quelque sorte le créateur?

Un tel état de choses n'offrirait aucune garantie aux citoyens. Leurs sacrifices auraient beau se multiplier, ce serait avec la loi elle-même que l'on parviendrait à les asservir; encore celle-ci ne trouverait guère de soumission que dans les rangs infimes de la société; car laissez faire Diomède, et Diomède bientôt vous aura enlevé le palladium.

Cessons donc de vouloir jeter toute l'armée dans les conseils. Ce n'est pas là sa place, et c'est là que viendraient échouer les réputations militaires et la renommée des plus éclatans services. Cette mer n'est que trop fameuse par des naufrages. Conservons un tel trésor à l'état; veillons-y même, car aujourd'hui il y a peu d'attraction entre la couronne de chêne et celle de laurier. Vous nous parlerez des Cincinnatus, des Fabricius et de leurs pareils, guerriers et sénateurs tout ensemble, desquels disait l'envoyé d'un puissant prince : « Qu'il avait cru voir une assemblée de rois. » Nous vous avons nous-mémes entretenus d'un Camille, justement surnommé par les siens, le second fondateur de Rome, puisqu'il l'arracha des mains de l'étranger; mais nos grands capitaines ne sont pas tous des Fabricius, et s'il est des Français assez généreux pour marcher sur les traces du vainqueur des Gaulois, ainsi que nous aimons à le croire, nous ne saurions ignorer non plus que le camp des Volsques n'a pas toujours été délaissé.

Honorons la valeur; donnons des places de distinction dans nos fêtes, à ceux qui ont choisi la première dans les hasards affrontés pour leur pays; ne laissons pas mendier nos vieux soldats, car la trace de leurs pieds suffirait seule pour dresser notre acte d'accusation : tel est notre devoir; et quand il s'agira de nos lois, n'oublions pas, non plus, que la France est peuplée de citoyens instruits, de propriétaires honnêtes, de jurisconsultes expérimentés et de pères de famille auxquels il importe d'assurer l'avenir de leurs enfans!

NOTE VI.

THE deluded King entered into a closer conjunction than ever with his ministers. He took their iniquities on himself, etc.—Nay, by his encouragement, they raised troops, and a battle was fought in their quarrel, but they were defeated; and the fourteenth Parliament, called the *Wonder-working* Parliament, having punished the judges and ministers with proper severity, endeavoured to reconcile the King and his people. They gave him great subsidies, and renewed their homage and fealty to him. Even all this still proved in vain. No experience was sufficient to reclaim Richard the second, etc. (Remarques sur l'histoire d'Angleterre, par Bolingbroke, édition de Bâle (Basel), pag. 66 et 67.)

Richard procured a packed Parliament, consisting of men imposed on the shires and towns by his authority, wholly managed by court favorites, and which bent all its endeavours to destroy the liberties and privileges of the people. With the help of such a Parliament, he wreaked vengeance on those who had opposed him; got his authority exalted above all law, and exercised a most cruel tyranny. (*Idem*, pag. 68.)

The cruelty which was exercised against the popular leaders upon this occasion created no small enmity against the King. He had first granted them a *charter* which implied the justice of their demands, and he was seen, soon after, weak enough to revoke what he had before allowed the justice of. (Histoire d'Angleterre, par Goldsmith, édition de Londres de 1815, vol. 1er, pag. 405.)

A Parliament was summoned at Westminster, which the King knew to be obedient to his will. The majority of that assembly passed whatever acts he thought proper to dictate, and revoked the general pardon which the King had granted, — and repealed all those acts which had condemned his former ministers. In consequence of this, several of the party of Gloucester were impeached, condemned and executed. The Earl of Arundel vainly attempted to plead the King's *general pardon* to stop his execution, etc. (*Idem*, page 411.)

The people still bore, and it is probable that the King, and others as well as he, imagined that they would be obliged to bear on; since the whole legislature united in their oppression. But in this he was deceived. When the Parliament took the part of the people, the people followed the motions of the Parliament. When they had no hopes from the Parliament, they followed the first standard which was set up against the King. The same spirit of Liberty, which had been so slow to act under so many provocations, acted with the greatest vigor when it was least expected. The King, at the head of an army in Ireland, the duke of York, at the head of another in England, and the Earl of Salisbury at the head of a third, could do the King no service. The armies would not fight for the King against their country. The whole nation abandoned him, or acted against him. Some of his ministers were hanged, particularly those who had been the great instruments of taxing and oppressing the people. He was at length forced to resign, and to subscribe an instrument with his own hands, by which he confessed himself unworthy to govern the kingdom any longer. This instrument of resignation was not only unanimously approved of in Parliament, but articles of accusation were ordered to be drawn up against him to justifiy their resolution of deposing him. These articles were thirty-five in number, setting forth the particulars of his misgovernment; two of which are to this effect :

1° « That he had put the administration of the upblic affairs in the hands of unexperienced and ill designing persons, to the great damage of the people, who were loaded with excessive taxes. » —

2.° « That in the negociations with foreign princes, he had made use of so many equivocations and sophistries, that none would take his word any more. ».

It is very observable that these extremities fell upon Richard, at a time when every thing seemed to contribute to his support in the exercise of that arbitrary power which he had assumed. Those whom he had most reason to fear, were removed either by violent death or banishment; and others were secured in his interests by places, or favors at court. The great offices of the crown, and the magistracy of the whole kingdom were put into such hands as were fit for his designs; besides which he had a Parliament entirely at his devotion; but all these advantageous circumstances served only to prove that a prince can have no real security against the just resentments of an injured and exasperated nation, for, as Rapin observes upon the sad catastrophe of this reign and that of Edward the second : « In such Governments as that of England, all endeavours used by the King to make himself absolute, are but so many steps towards his own downfal. »

It is farther observed by another eminent writer upon this reign (which he justly calls a reign of favorites) that the King, in his distress, saw himself forsaken by those whom he should have forsaken before; the very men who had so much flattered him with their excessive love and loyalty; and like those mean insects, which live with a little warmth, but shrink at any change of weather, they, who had contributed to all his errors in his prosperity; transplanted their zeal into the new sunshine, as soon as his successor demanded the Crown.

NOTE VII.

Tout le monde connaît les paroles touchantes dont nous réveillons, en ce moment, le souvenir. Les mêmes sentimens se trouvent empreints dans la belle et noble réponse que fit Louis XVIII aux offres d'une principauté en échange d'une renonciation, à laquelle il était de sa dignité de ne pas entendre, réponse qui donna lieu à l'un des écrits les plus remarquables de la langue, tant sous le rapport de l'élévation des idées que sous celui de la conjoncture daus laquelle il fut tracé. C'est la lettre de M. Royer-Collard au Roi, pendant son séjour à Mittau. Il y a huit mois qu'elle a été insérée dans le *Courrier*. On pourrait citer également plusieurs paroles de monseigneur le comte d'Artois, heureuses d'à-propos, ou touchantes d'expression, qui lui sont échappées. Et cet infortuné duc de Berry! pourquoi ne dirions-nous pas que la France nouvelle avait acquis des droits sur son cœur? On nous pardonnera de sauver de l'oubli un mot, un seul mot que M. le vicomte de Chateaubriand eût sûrement recueilli, s'il l'avait connu, quoiqu'il ne soit pas dans ses couleurs, et qui prouvera que le couteau de Louvel s'est encore bien trompé, en croyant frapper un ennemi de la gloire de nos armes.

Le jeune prince était dans l'atelier de M. Horace Vernet. Enchanté d'être devenu le propriétaire du bien joli tableau où l'on voit un petit trompette renversé mort aux pieds d'un cheval et d'un chien, qui semblent s'attendrir sur leur maître (a), il engageait l'artiste à donner à ce sujet un pendant qui n'a pas laissé, à son tour, d'intéresser le pnblic; et il ajouta, avec une amabilité éminemment française : « Je n'ai pas encore de » vos ouvrages, monsieur Horace Vernet; je veux pour- » tant que vous travailliez pour moi : et savez-vous bien » que, si pour avoir de vos charmantes compositions, il » fallait mettre une cocarde tricolore à mon chapeau, » cela ne me coûterait guère? » Qu'il ne se glisse pas d'intermédiaires entre le peuple français et les Bourbons, et le pacte sera bientôt signé; car de tels princes et une telle nation sont faits pour s'entendre.

NOTE VIII.

Le numéro de cette note, oublié à l'impression, doit être reporté par le lecteur, à la page 91. En regard de ce numéro, nous allons placer une réponse justificative de la conduite de la garde nationale de Brest, adressée inutilement au *Moniteur*, qui ne l'a pas admise, et signée par un des premiers négocians de cette ville; un apologue de M. de Jouy, dont le *Courrier* n'a pu obtenir l'insertion; quelques réflexions sensées de M. Moreau sur les épreuves à faire subir aux salles de spectacle, et une lettre que nous hasardâmes au nom d'un grand homme, et qui fut également rejetée. On verra que la commission de censure ne se plaît point aux fables; nous oserions affirmer que dans celles de La Fontaine, il en est trente qu'elle eût repoussées impitoyablement,

---

(a) Nous avons rendu compte de ces deux charmans tableaux dans notre *Annuaire de Peinture*, ou Lettres sur le Salon de 1819.

et certes, sa réprobation n'eût pas frappé les plus médiocres. Que nous restera-t-il donc, puisqu'on nous ôte l'apologue? En véritable homme de lettre, M. Auger a dû se trouver déplacé dans une telle compagnie, et tout notre étonnement est qu'il soit resté aussi long-temps à s'en apercevoir. Il y a déjà quelques semaines qu'il a battu en retraite, sans que le public ait pu en avoir connaissance. Que penser d'un corps qui ne souffre seulement pas que l'on annonce les démissions de ses membres? Ne fait-il pas ainsi, lui-même, une sanglante satire de sa propre conduite?

Il serait superflu de dire que le refus du *Moniteur* n'a eu et n'a pu avoir qu'un caractère officiel, absolument étranger à celui du rédacteur ordinaire de ce journal.

Brest, 13 septembre 1820.

Monsieur,

Abusé par des rapports inexacts, vous avez, dans votre numéro du 28 août dernier, inculpé la garde nationale de Brest d'une manière si grave que l'honneur et la vérité m'ont fait un devoir de repousser ces fausses inculpations dans un petit écrit adressé à mes concitoyens, et dont j'ai l'honneur de vous adresser deux exemplaires. Vous y reconnaîtrez sans doute le langage de la vérité et des sentimens qui animent tous les Brestois, indignement calomniés par des récits faux et controuvés. De quelque nuage qu'on cherche à envelopper la vérité, elle parviendra tôt ou tard jusque dans le conseil du Roi, jusqu'aux oreilles du plus sage des monarques.

La justice, pour être lente, n'en sera pas moins aussi

éclatante que la flétrissure imprimée à toute la garde nationale de Brest.

Si, comme je dois le croire, Monsieur, votre journal est ouvert à une défense légitime contre une attaque calomnieuse, le simple récit des faits, appuyé sur des preuves écrites, irrécusables, doit démontrer à tout homme sensé que les inculpations faites à la garde nationale de Brest sont dénuées de fondement.

Vous devez, Monsieur, en homme d'honneur, désavouer les inculpations faites à la garde nationale de Brest dans la partie non officielle de votre journal du 28 août dernier, ou les appuyer sur des faits et sur des preuves.

Je pense trop bien de votre loyauté pour ne pas être persuadé que vous ferez insérer ma lettre dans un de vos prochains numéros.

J'ai l'honneur d'être, avec le plus profond respect, votre très-humble et très-obéissant serviteur,

ROUGOUX,
Ancien officier d'artillerie, ex-major de la garde nationale de Brest.

P. S. Des exemplaires de l'écrit que je vous adresse, ont été envoyés à chacun des ministres du Roi, à plusieurs pairs de France et députés.

Si la liberté a jamais paru dans l'Orient, ce fut sans doute aux premiers âges du monde, car le mot même n'y existe plus; aussi l'apologue y a-t-il pris naissance. Pilpay, appelé aux conseils de Dubschelin, puissant monarque indien, donna ses avis sous la forme des fables. L'Ethiopien Lockmann était esclave; il fit des fables. Le Phrygien Ésope, réduit en servitude, en prit le langage, et fit des fables. Phèdre était affranchi d'Auguste; il fit aussi des fables.

APOLOGUE.

Un homme remarquable par la force de ses muscles, qui l'avait fait surnommer Hercule; par la rapidité de sa course, qui lui avait fait donner le surnom d'Achille aux pas légers; par la vivacité de son esprit, la hauteur de sa pensée et l'empire de son éloquence, tomba un moment dans le piége que de nombreux ennemis avaient tendus sous ses pas. Après l'avoir garrotté, bâillonné, épuisé par des saignées fréquentes et par une longue abstinence, ils l'exposèrent aux insultes de la canaille.

Voyez, dit un boiteux en s'approchant de lui, combien mon allure est supérieure à celle de ce coureur si vanté. — Homme fameux dans les exercices de Mars, lance donc un javelot aussi loin que moi, dit un manchot en jetant l'arme à deux pieds de lui. Je te... te... te dé...défie aux...aux combats d'élo...d'élo...d'éloquence, dit un bègue en élevant la voix. — Qu'il est pâle! qu'il est faible! combien ma vigueur est supérieure à la sienne! dit un vieillard courbé sous le poids des ans et des infirmités. — Montre-la donc, s'écriaient-ils tous ensemble, cette supériorité que l'on avait la sottise de reconnaître en toi. — L'homme enchaîné, du bout du doigt qui lui restait de libre, écrivit sur le sable : *Otez-moi mes chaînes!*

De Jouy.

Avis sur la lettre suivante, rejetée par la Censure.

Nous n'ignorons pas qu'il y a quelque hardiesse à écrire au nom d'un grand homme, et à prêter son propre langage aux premiers écrivains de la langue française. Cette témérité a été quelquefois heureuse ; sans nous flatter d'acquérir à la nôtre cet avantage, au moins aurons-nous quelques droits à l'indulgence du public, en lui faisant deux déclarations : la première, c'est que nous n'avons regardé notre composition que comme un cadre moins usé que tout autre, où nous pussions énoncer quelques vérités utiles, quoique d'un aspect fâcheux, sur notre position constitutionnelle ; la seconde, probablement, est superflue, et, toutefois, nous ne saurions nous dispenser de dire au lecteur que nous avons mis dans la bouche de Jean-Jacques, non tout ce qu'il eût dit à son ancien élève, non tout ce que nous eussions souhaité dire nous-mêmes en pareille circonstance, mais ce que nous présumions devoir être épargné par l'encre rouge de la censure. K.

Lettre de J.-J. Rousseau à M. le comte de GIRARDIN, *sur la destitution de ce dernier.*

Il y aura bientôt cinquante ans que j'adressai, à un ministre disgracié, une lettre, qui fit sur les esprits une impression dont je fus tenté de ne pas féliciter les Français, par la raison même que ce succès dénotait des oreilles peu familiarisées avec le langage de la vérité et de l'amour de la patrie. Aujourd'hui, mon cher Stanislas, je serai, je l'espère, plus heureux en m'entretenant avec le préfet destitué; car j'imagine qu'il s'est opéré quelques changemens dans cette France toujours chère à mon cœur, malgré la sévérité avec laquelle j'en ai été plus d'une fois traité (mais dois-je m'en plaindre, quand je songe à ce qui m'attendait dans ma propre patrie?); j'imagine, dis-je, que mes paroles, trouvant cette fois des cœurs et des esprits mûrs pour les recevoir, ne se produiront pas dans le public avec cette forme presque étrangère, qui, comme ma triste personne, provoquait jadis l'étonnement au défaut de murmures et d'invectives : c'est donc le pauvre citoyen de Genève qui va s'entretenir avec un citoyen français; j'espère qu'ils sont faits pour s'entendre.

Et d'abord, mon cher Stanislas, il faut que je vous demande si vous vous souvenez un peu de cet ours de Jean-Jacques, qui vous a tenu quelquefois sur ses genoux, qui, comme un vieux radoteur, avec ses herbes et ses simples, dès votre âge le plus tendre, voulut vous inspirer quelque goût pour la botanique, seule ressource, contre des chagrins amers, que ses ennemis lui eussent laissée à lui-même. Est-ce par une sorte de prévision que je cherchais à vous ménager le même délassement? Je ne sais; mais ce qu'il y a de certain, c'est qu'il m'était agréable de parler avec des fleurs à un enfant que je pressentais devoir être homme un jour. J'avais entrevu, dans l'avenir, la noble fermeté de votre caractère, et je ne craignais pas de l'amollir, en vous familiarisant avec le spectacle des dons les plus gracieux de la nature. Aux ames fortes il faut des études douces; aux esprits faibles, des exemples de courage et d'énergie; aux uns, ma Flore et mes lettres à la duchesse de Portland; aux autres, Montaigne et Plutarque.

Vous avez donc été préfet, mon cher Stanislas; c'est trop tôt et trop tard. Si je ne me trompe, sur ce qui s'est passé en France dans ces vingt dernières années, il y a dix ans que vous eussiez pu empêcher du mal et faire beaucoup de bien; aujourd'hui, l'un vous était aussi difficile que l'autre. Digne héritier de Henri IV, votre bon Roi veut le bonheur de l'état, confié par la Providence à ses soins : mais il est presque dans la situation où vous étiez vous-même par les obstacles qui traversent de toutes parts ses désirs. Vous parlez tous de la patrie ; dites que vous la cherchez, et croyez que vous ne la trouverez que lorsque la sainte voix de la vertu aura fait taire celle de l'intérêt personnel. Après avoir gémi sur les malheurs de votre révolution, après avoir été mal compris par plusieurs de ceux qui s'y sont autorisés de mon nom, je suis tenté de sourire quand on m'entretient de votre régime constitutionnel et de votre gouvernement représentatif. Est-ce que l'on parle décemment de ces choses avec deux ou trois noblesses? Est-ce que l'on administre suivant les lois, avec des courtisans de toutes les époques et de toutes les couleurs? Votre vieille cour, toujours semblable à ce qu'elle était quand je tenais la plume, ne voit de gouvernement que dans ses dignités, ses cordons, ses pensions et ses prérogatives. Elle ne sait pas encore ce que c'est qu'une chambre des pairs, dont elle fait pourtant partie, et toute la royauté elle-même est, à ses yeux, dans le lever et le coucher du Roi aux Tuileries, ainsi qu'elle la voyait à Versailles, quand la porte de l'œil de bœuf était près de s'ouvrir.

Mais voilà que je me surprends dans des écarts qui ne m'étaient autrefois que trop ordinaires; ils sont excusables dans une lettre; j'y pense tout haut avec vous, mon cher ami, selon ma vieille habitude; et c'est ainsi que je me suis fait haïr des grands qui usurpaient leurs noms, des philosophes qui voulaient de la probité sans religion, et de tous nos jongleurs politiques. Si j'écrivais encore, ma destinée serait probablement la même; car vous ne sauriez supposer que je vous passasse vos pères de la foi, qui feront bientôt disparaître parmi vous les restes d'une foi chancelante; vos sermens à la Charte, quand presque personne n'en veut; vos missionnaires qui font du culte sans morale, et du royalisme sans patrie; vos hommes d'état opiniâtres sans prévoyance, et funestes à la liberté, parce qu'ils ne savent pas la manier.

Il faut avouer toutefois que vous ne manquez pas de citoyens dévoués et de riches généreux; je vois de bons germes dans votre jeunesse, mais n'avorteront-ils pas? Vous étiez à la veille d'avoir une armée nationale; espérons qu'on ne se bornera pas à ne vouloir qu'une gendarmerie. Peut-être quelque jour vous parlerai-je de votre chambre des députés, elle a droit à mon examen; mais cette lettre est déjà longue: qu'il me suffise pour le moment de vous dire, mon cher Stanislas, que vous ne m'avez pas trompé. Vous avez mérité une destitution, et l'on a eu la maladresse de vous en accorder l'honneur; Jean-Jacques vous embrasse, Jean-Jacques vous félicite d'être rendu à la vie privée, jusqu'à ce que, rentrant dans la vie publique, vous puissiez, plus tard, être utile à votre monarque et à votre pays. Laissez le temps marcher; père du mouvent physique, il n'est pas étranger au mouvement moral des esprits. Il a reçu sa mission d'un grand maître, et il l'accomplira.

J.-J. Rousseau.

De l'île des Peupliers, Ermenonville, 5 avril 1820.

Il est reconnu qu'en France, ce n'est jamais qu'après quelques accidens funestes que l'on s'occupe des moyens d'empêcher que ces accidens ne se renouvellent. Ne vaudrait-il pas mieux prévoir ces malheurs que d'attendre qu'ils soient arrivés? Par exemple, deux nouvelles salles de spectacle vont, sous peu de jours, être ouvertes au public; nous savons qu'elles sont fort jolies, et nous les croyons très-solides : mais ne serait-il pas à désirer que l'autorité compétente exigeât que ces salles fussent essayées avec des poids avant de l'être par les spectateurs? Dans tous les nouveaux bâtimens, il s'opère pendant les premiers jours un tassement assez bien calculé par les architectes; mais quel est celui de ces messieurs qui pût garantir que ce tassement ne sera jamais assez considérable pour exposer la vie de quelques-unes des nombreuses personnes, curieuses d'assister à l'inauguration d'un nouveau théâtre? M. Lenoir osa prendre sur lui cette terrible responsabilité. L'avant-dernière salle de l'Opéra, construite sur ses dessins en quarante jours, auprès de la porte Saint-Martin, fut ouverte *gratis* au public le 27 octobre 1781. *Gratis!* c'est-à-dire que ce fut la dernière classe du peuple que l'on choisit pour essayer la salle. On ne pensera pas sans frémir aux malheurs qui pouvaient arriver dans cette occasion.

Heureusement ils n'eurent pas lieu. Aujourd'hui que le peuple pèse un peu plus qu'alors dans la balance politique, on n'oserait pas, en dépit de certaines gens, le traiter avec tant d'inhumanité, et nous aimions à croire qu'on ne négligera aucun moyen de s'assurer de la solidité des deux nouvelles salles. Ces réflexions s'appliquent nécessairement aussi au bâtiment que l'on construit pour le grand Opéra.

NOTE IX.

Fragment supprimé par la Censure dans un article sur l'état présent de l'éloquence du barreau.

Ah! que les choses se passent bien autrement parmi nous depuis une génération! Les plus grande dignités de l'état viennent s'abaisser aujourd'hui devant la majesté des lois, et ces lois consacrent les droits de l'humanité entière! Notre forum a vu des rois à sa barre; pourquoi n'aurait-il pas ses Hortensius et ses Cicéron? Si je ne craignais de réveiller de trop cruels souvenirs, tout en rendant justice à l'enchaînement de preuves, ou plutôt de contre-preuves opposées aux ennemis de l'infortuné Louis XVI, je me permettrais d'avancer que cette cause, à jamais mémorable, n'a pas été défendue avec le genre d'éloquence réclamé par la nature du moment, du tribunal, de l'appareil militaire, de la résolution déja prise, qui en formaient les terribles accessoires. L'orateur n'eût pas été écouté, dira-t-on. Je ne sais; mais il fallait de deux choses l'une, ou être interrompu et réduit au silence, ou faire retentir de mâles accens, avec toute l'énergie qui s'accroît d'une profonde indignation. Dans le premier cas, un assassinat commis par quelques misérables eût mieux valu, pour la nation, qu'un assassinat juridique; dans le second, on se rappellera que l'auguste victime n'est tombée que sous le coup de cinq ou six votes!...

J'honore le courage que M. de Sèze a montré dans des fonctions que l'on accepte avec joie quand on a eu le bonheur de les obtenir une fois, et après lesquelles on se résigne d'avance à mourir avec gloire; je rends hommage à ses nobles intentions : mais il me semble qu'il est une nature de moyens dont on regrette un peu trop l'absence dans son plaidoyer.

NOTE X.

LE VIEILLARD DE NUREMBERG.

Un vieillard de Nuremberg avait deux fils, qui, tous les deux, aimaient les lettres, et les avaient cultivées avec quelque succès. Le vieillard n'en était pas fâché, car les lettres adoucissent les mœurs; et si elles exaltent quelquefois l'imagination, elles favorisent aussi l'essor des sentimens généreux : mais ce qui désolait ce bon père, c'est que ses enfans, ne se bornant pas à un simple goût pour la littérature, s'étaient enrôlés parmi les auteurs de profession; il en gémissait, car il n'ignorait pas que, semblable aux autres champs sur lesquels est courbé le laboureur, celui des lettres est hérissé d'épines pour ceux qui le fertilisent. Au public, les fleurs et les fruits qu'ils ont fait naître; à eux, les soucis et le travail. Pour surcroît de peines causées au vieillard, les deux frères s'étaient adonnés à la rédaction des deux seuls journaux qui circulassent dans ce coin de l'Allemagne; et ce qui le désespérait encore plus, c'est que, par un contraste de caractère qui ne se rencontre que trop souvent dans les familles, les deux rédacteurs différaient absolument de sentiment et d'opinion sur une affaire essentielle, qui occupait alors l'attention de tout Nuremberg.

Le prince, dans la conscience des imperfections du code criminel qui régissait ses sujets, avait invité tous les savans et les jurisconsultes épars sur le territoire de sa dépendance, à lui présenter leurs vues sur les réformes désirées. On pense bien que les deux frères n'eurent garde de négliger cette occasion de traiter, dans leurs feuilles, ce que l'on nomme *le sujet palpitant du jour*. C'était un devoir à leurs yeux, et, dans un esprit opposé, pendant trois mois, ils s'en acquittèrent tous les deux avec zèle.

Théobald croyait que le meilleur moyen de gouverner une nation civilisée, sensible à l'honneur, mais chez laquelle un excès de prétentions individuelles peut conduire à des écarts non moins nuisibles aux familles qu'à la société, était de faire d'abord une juste part à ces prétentions; d'ouvrir une libre carrière à l'iudustrie laborieuse et aux talens; de répandre ensuite dans les esprits des notions d'ordre social; de ne jamais séparer le droit du devoir; d'infliger aux fautes des peines modérées, aux crimes des châtimens qui n'enlèvent pas absolument l'honneur, quand on laisse la vie; d'être indulgent sans mollesse, ferme sans cruauté; de prendre pour auxiliaire des mœurs une religion raisonnable telle que la donne l'Evangile, et enfin, autant que possible, de faire vibrer dans le sein de l'homme des cordes qui rendent toujours des sons, jusqu'au moment où, mort ou non, il faut jeter sur lui le linceuil. Toutes les feuilles de Théobald étaient empreintes de cette pensée.

Tristan était d'un autre avis. Sans se déclarer pour Dracon, vers lequel il inclinait toutefois en secret, il avait remarqué que, dans la conduite des espèces animées, dont nous entoure la Providence attentive à nos besoins, la crainte est un ressort nécessaire : attestant qu'il en gémissait, il déclarait devoir l'appliquer au gouvernement des peuples; de là il se croyait dispensé de leur donner d'autre instruction que celle relative aux besoins de la vie, si ce n'est une légère notion du culte, encore trouvait-il que celui-ci accoutumait à disserter un peu trop depuis la réformation de Luther. La force publique ne lui semblait jamais pouvoir acquérir trop d'énergie entre les mains du prince ou de ses délégués; craignant qu'elle ne péchât par défaut, il demandait des peines plus graves, avec un surcroît d'archers et de tribunaux sans appel.

La ville de Nuremberg et les états voisins se partageaient entre les deux doctrines. Plusieurs hommes en place s'étaient prononcés pour la dernière; une opinion contraire attachait à l'autre, dont quelques troubles récens avaient diminué le crédit: Théobald et Tristan avaient beaucoup d'abonnés; mais ces abonnés se voyaient peu, et ne se supportaient guère. Leur père, à qui on s'en plaignit, et qui s'affligeait avec tous les gens sages de cette dissidence d'opinions, les appela dans son cabinet, certain matin, après une nuit passée à réfléchir sur les griefs imputés à ses enfans; il ordonna à chacun des deux frères journalistes de lui apporter leur feuille du jour.

Théobald revint le premier, et déposa entre les mains

du vieillard, une gazette que celui-ci parut parcourir avec intérêt, quelquefois avec attendrissement, et qu'il lui rendit en hochant la tête, non sans s'accompagner, dans cette action, d'un sourire susceptible d'être traduit de la manière suivante : « Dans tout cela, il y aura bien » quelque mécompte ; tu juges favorablement tes sem- » blables, mais tu te tromperais de moitié, que cela ne » serait pas encore maladroit. »

Tristan arriva bientôt avec sa feuille du 9 décembre (car cette scène domestique se passait en hiver) : « Voyez, mon père, dit-il du plus loin qu'il put se » faire entendre, voyez si mon numéro de ce jour ne » contient pas des argumens sans réplique ! Il faut ré- » primer et comprimer, ou la société est dissoute. »

Le vieillard lut, gémit ; des larmes coulèrent sur sa figure vénérable, et vinrent se sécher dans les rides dont elle était creusée. Puis, d'une colonne passant à une autre, son attention devint plus grave, sans perdre son aspect mélancolique. Dans la première de ces colonnes, le rédacteur avait entassé tous les crimes qui, depuis un mois révolu, affligeaient le canton de Nuremberg et les états voisins. On y voyait avec horreur figurer deux ou trois tentatives d'assassinat, un parricide, deux suicides et une plainte en adultère ; dans la seconde, il parlait des ennemis personnels du prince, il en exagérait le nombre, il y faisait entrer des gens dont les intentions ne sauraient être suspectes, et peut-être oubliait-il d'y comprendre ceux qui feignaient un attachement, auquel il eût été difficile d'indiquer une autre source que celle d'un profond égoïsme.

Le vieillard aimait le roi de Bavière, quoique la seule force des armes et des traités eût adjoint à ses états la ville de Nuremberg. Rendant la feuille avec un soupir, il dit aux deux journalistes qui, debout à côté de lui, attendaient, l'un quelques paroles d'indulgence, l'autre une approbation du contenu de sa feuille: « Allez me chercher le registre de vos abonnés. »

Tristan et Théobald, ne comprenant rien à cette demande, se hâtèrent toutefois d'y souscrire. Celui-ci, d'une gravité austère dans ses mœurs, déférait par devoir aux moindres désirs de son père : c'était de l'obéissance. Celui-là s'y rendait par sentiment; on voyait qu'il y trouvait un plaisir : c'était de l'amitié. Quoique contemporains, on les eût dit les représentans de deux époques différentes dans nos mœurs.

Les registres, portés par deux commis de bureau, furent bientôt déposés aux pieds du vieillard, qui, les faisant placer sur un large pupitre, s'en approcha avec une physionomie pensive, et dans laquelle on eût pu démêler une teinte de préoccupation. Pendant près de vingt minutes, il lut, feuilleta, compta; puis ôtant ses lunettes, et les posant avec calme sur l'un des registres, il s'adressa en ces termes à ses fils, dont les figures offraient l'expression d'une attente encore plus caractérisée que celle du lecteur en ce moment.

« Tristan, le pain *quotidien* dont tu nourris tes » abonnés, est un peu dur et sec. Cependant, il se » pourrait que, si j'avais une traversée de quelques » milles à faire sur un bon paquebot, je consentisse à » m'embarquer avec ton équipage; encore, je ne vou» drais pas que la route fût longue, car elle serait assez » triste avec le légiste Durmann, qui, l'an passé, voulut » placer, sur la route de Munich, de nouvelles fourches » patibulaires; le conseiller aulique Onsbach, qui,

» ayant fait prononcer l'interdiction civile de son oncle, » jadis son bienfaiteur, s'est mis bravement en posses- » sion des biens de ce respectable vieillard; du feld-ma- » réchal Oeisleben, qui s'est montré faible devant » l'ennemi, et fort contre ses compatriotes; de l'écri- » vain Teuscherss, qui voudrait introduire dans le sys- » tème social de son pays, celui des castes indien- » nes : c'est ce que je ne saurais te déguiser, mon cher » ami; cette société serait peu de mon goût.

» Mais, ajouta le bon père en se tournant vers Théo- » bald, si le malheur des conjonctures m'obligeait à » quitter Nuremberg, s'il fallait dire adieu à ces champs » où ma vieillesse cherche encore avec délices les ves- » tiges de mon enfance, c'est avec tes compagnons que » j'aimerais à faire route. Deux ou trois noms que j'ai » lus dans ton livre de bord, me donneraient bien la » crainte de quelque étourderie; cela me conduirait » à avoir un peu plus souvent l'œil au gouvernail, » surtout dans la grosse mer. Au moins serais-je sûr de » trouver à qui parler en débarquant sur la plage, et » tes amis me rendraient quelques souvenirs de la patrie. » Je redoute un peu les têtes chaudes, mais encore plus » les cœurs froids. Huit jours, quinze jours même, s'il » le faut, avec ta bande, mon pauvre Tristan; mais » avec toi, pour la vie, Théobald! »

« Ne trouvez-vous pas, mon frère, observa Tristan en descendant les degrés, que notre bon homme de père baisse prodigieusement depuis quelques mois? Ce n'est plus la même force de jugement et de raison; et aussi je crains fort qu'il ne nous donne bientôt à remplir de tristes devoirs. »

« Prenez garde, mon ami, répliqua Théobald, d'avoir

» fait une observation qui ponrrait bien tenir sa place
» dans la première colonne de votre journal de ce jour. »

NOTE XI.

Les pièces, que nous allons placer sous ce numéro, n'offriront pas la centième partie de ce qni est parvenu à notre connaissance sur les vexations exercées dans les départemens à l'époque des élections.

Paris, 20 septembre 1820.

A Monsieur le baron Barrairon.

Monsieur le baron,

Vous pouvez vous apercevoir qn'il n'entre point dans mes goûts d'importuner de mes demandes les chefs d'administration; cependant, quand la religion de ceux-ci est surprise, je crois qu'il est du devoir d'un honnête homme et d'un loyal député d'en avertir les autorités supérieures. Celles-ci font ensuite ce qui leur semble le plus convenable. C'est le motif qui me fait prendre la plume en ce moment, et même avec quelque confiance.

M. Guyet, vieillard respectable, uniquement occupé des devoirs de sa place, actuellement receveur de l'enregistrement et des domaines à Morlaix, vient de recevoir l'ordre, après trente-huit ans de service, de quitter la ville de sa résidence, dont la population s'élève à dix mille ames, pour se rendre au bourg de Ségré, près d'Angers, qui ne compte que cinq cent soixaute habitans!

Il est évident, M. le baron, que c'est une disgrâce; ce qu'il y a de plus honnête dans la population commerciale de Morlaix, m'atteste qu'elle n'est pas méritée.

J'ignore les opinions politiques du sieur Guyet, je sais seulement que c'est un homme de bien et de mœurs irréprochables. Dès-lors, mettant les choses au pire, et le supposant en dissidence de vues politiques avec l'autorité, et connaissant d'une autre part la loyauté de votre caractère, je me permettrai de vous demander si, dans cette dissidence, il existe un motif, susceptible d'être seulement avoué, d'enlever un homme à ses compatriotes, à ses habitudes, à ses propriétés et à ses relations de famille. Chaque mutation dans les idées d'un ministère deviendrait alors une chose bien déplorable; et comme à ces idées il pourrait en succéder de nouvelles diamétralement opposées, Dieu seul sait où pourrait s'arrêter le bouleversement.

Je suis persuadé, M. le baron, que dans cette affaire votre religion a été trompée; jamais, avec connaissance de cause, vous ne prêterez votre signature honorable à un tel abus de pouvoir à l'égard d'un homme dont l'âge, en rapport avec le vôtre, a droit au respect de tout ce qui ne le prime pas dans sa hiérarchie administrative.

Mes collègues m'invitent spécialement à vous éclairer dans cette occasion, c'est un devoir dont je m'empresse de m'acquitter; je me propose même d'avoir l'honneur de vous voir à ce sujet, dès que je serai rétabli d'une incommodité que j'éprouve depuis quelques jours. En attendant, je vous prie d'agréer l'hommage de la considération aussi respectueuse que distinguée, avec laquelle j'ai l'honneur d'être,

Monsieur le baron

Votre très-humble et très-obéissant serviteur,

KÉRATRY.

Paris, le 27 septembre 1820.

A M. Kératry, membre de la Chambre des députés.

Monsieur,

Vous m'avez exprimé votre intérêt en faveur de M. Guyet, appelé du bureau de l'enregistrement de Morlaix à celui de Ségré.

Il paraît que cette mesure, uniquement relative au service, vous a été présentée sous un point de vue différent : j'en ai d'autant plus de regret, qu'il n'est pas possible de la changer.

J'apprends, Monsieur, avec bien de la peine, votre indisposition; j'espère qu'elle n'aura point de suite.

J'ai l'honneur d'être avec une haute considération,

Monsieur,

Votre très-humble et très-obéissant serviteur,

Le conseiller d'état, directeur général,

Le baron BARRAIRON.

Morlaix, le 1er décembre 1820.

A M. Kératry, député du Finistère.

Monsieur,

Sans que j'aie l'avantage d'être connu de vous, vous avez eu la complaisance de réclamer, de M. le directeur général, la conservation de ma place de receveur de l'enregistrement à Morlaix. Vos démarches out été infructueuses. Il a été inexorable, et n'a pu vous donner aucuns motifs raisonnables de mon changement. Je ne vous en ai pas moins d'obligation, et je ne sais de quelles expressions me servir pour vous témoigner toute ma gratitude. Elle sera éternellement gravée dans mon cœur, et ne s'en effacera jamais. Victime d'une infâme calomnie, tout au moins d'une erreur (1), attaqué souvent de la goutte, fruit d'un long et pénible travail, éloigné de mes propriétés, de celle de ma femme, de mes connaissances, de mes habitudes, chargé d'une tutelle assez considérable, je ne devais pas, à l'âge de cinquante-huit ans, et après trente-cinq ans d'emploi, me transplanter à quatre-vingts lieues de ma résidence, dans un chef-lieu de sous-préfecture, de cinq cent cinquante-huit habitans, pour y recommencer un nouveau train de vie. Aussi je me suis décidé, quoiqu'à regret, à mettre ma démission, et à demander ma pension de retraite. Il me reste, pour consolation dans ma disgrâce, des certificats honorables des autorités constituées de cette ville, les regrets de mes concitoyens, l'estime, et je puis dire hardiment, l'amitié de mes chefs; car ils m'en ont donné des preuves non équivoques et réitérées dans cette circonstance. J'ai différé jusqu'à ce moment à vous remercier, pour que mon neveu, porteur de la présente, pût vous témoigner de vive voix combien j'ai été sensible à la délicatesse de vos procédés.

J'ai l'honneur d'être, Monsieur, avec le plus profond respect et la plus vive reconnaissance,

Votre très-humble et très-obéissant serviteur,

GUYET,

Ancien receveur de l'enregistrement.

---

(1) Cette erreur était d'avoir dîné avec mon honorable et estimable collègue M. Desbordes, député du Finistère.

J. Milleret, *Receveur général des Finances du Département de la Moselle, Membre de la Légion-d'Honneur, à Son Excellence le Ministre Secrétaire d'état des Finances.*

Metz, le 4 octobre 1820.

Monseigneur,

Par lettre du 22 septembre dernier, votre excellence m'a fait l'honneur de m'adresser l'ordonnance royale du 20 dudit mois, portant que je passe de la recette générale de la Moselle à celle du département de la Vendée.

Ce changement, Monseigneur, exige une grande résignation, que commanderait à la vérité la confiance que le gouvernement veut bien me conserver; mais je sens que je ne pourrais lui être dans la Vendée aussi utile que dans la Moselle, où j'ai une partie de mes propriétés, de mes parens, de mes amis, et des moyens de crédit pour le service du Roi.

Cette différence de position n'a point échappé à la sagacité de votre excellence, et j'ai reçu de votre propre bouche le témoignage flatteur que vous avez pris ma défense au conseil des ministres, et que vous m'y avez signalé comme l'un des receveurs généraux les plus exacts à remplir leurs devoirs, et les plus zélés à seconder le trésor royal.

Je snis touché, Monseigneur, plus que je ne puis l'exprimer, de cette marque de bienveillancc, et, j'ose le dire, de justice, de la part de votre excellence.

Après 21 ans d'une administration honorable, après avoir servi sous les ordres de six ministres des finances, après avoir rendu au trésor des services importans dans des momens difficiles et dans plusieurs départemens, il sera consolant pour moi d'emporter dans ma retraite la bienveillance particulière de trois ministres, l'estime de trois autres, le regret de mes collègues et collaborateurs, en même temps que l'estime de mes concitoyens.

Ma conduite dans le conseil général du département de la Moselle paraît être le motif de ma disgrâce; mais ce n'était point en ma qualité de receveur général que j'y siégeais, j'avais d'autres devoirs à remplir, ceux d'un citoyen, d'un propriétaire appelé par la confiance royale à délibérer sur les intérêts de son département: je les ai remplis, ces devoirs, en fidèle sujet de sa majesté, en honnête homme qui ne sait trahir ni sa conscience ni ses sermens.

La circulaire de votre excellence, en date du 8 août, vient encore me fortifier dans ces principes.

J'étais loin de m'attendre que cette conduite franche pût m'attirer la rigueur du ministère; mais ce qni met le comble à mon étonnement, c'est que j'ai été dénoncé et accusé par ceux-là même dont j'aurais attendu ma défense, c'est que j'ai été condamné sans être appelé, sans être entendu.

M'envoyer dans la Vendée, à 200 lieues de mon ancien domicile, du pays où sont placées ma famille, mes propriétés, c'est m'ôter tous moyens de servir le trésor, c'est détruire mon existence tout entière, c'est m'empêcher d'administrer ma fortune, de vivre avec les miens, c'est me forcer en un mot à ne point accepter la place qui m'est assignée.

Je consomme donc le sacrifice, et je prie votre excellence de pourvoir à mon remplacement.

Agréez, Monseigneur, l'hommage de mon profond respect.

Votre très-humble et très-obéissant serviteur,
J. Milleret, *ex-receveur général.*

Coste, le 30 octobre 1820.

J'ai reçu, mon cher ami Jalvy, et le paquet du mandement de M. l'évêque, et votre lettre qui m'annonce que le certificat que je vous ai envoyé n'était pas revêtu des formes voulues par la loi ou le réglement; vous savez vous-même que depuis quelque temps je ne vois plus les feuilles, et que par conséquent je ne m'occupe plus des affaires politiques. Si j'eusse prévu que cette pièce fût nulle, je l'aurais, avant de vous l'envoyer, examinée, et d'après un examen sûr, j'aurais forcé le maire à me la donner telle que la loi l'exige; mais ce n'est pas fait, aussi nous pensons avec mon père que nous serons privés d'exercer nos droits: nous en étions consolés d'avance; et l'on se trompe grandement, si l'on croit nous affliger de ce côté-là; vous êtes instruit vous-même que ni l'un, ni l'autre, n'étions décidés à voter. J'ai encore présentes dans ma mémoire les vexations que l'on m'a faites, et 1815 me sera toujours présent. J'ai été à cette époque destitué, chansonné d'une manière outrageante et diffamatoire, et cette chanson se chantait presque chaque soir dans la maison de l'autorité locale, après qu'on l'avait publiée dans le jour, dans tous les coins et recoins du village. Je m'en plaignis à l'autorité supérieure, mais on fut sourd à ma voix, et on me laissa livré aux injures et menaces d'une bande effrénée .... Voyant cependant que toutes ces foudroyantes menaces ne pouvaient m'abattre, ni m'affecter, on conçut un projet horrible et affreux contre moi; ce projet fut exécuté. Dans la nuit, on me dévasta ma campagne; plusieurs arbres furent brisés à coups de hache : mais ce n'aurait été encore rien, si on n'eût laissé un écrit attaché à un arbre, dans lequel on me disait ces mots, que je conserve gravés dans mon cœur : « Si d'ici à la Saint-Jean prochaine tu ne quittes » cette commune, toute ta gerbe sera dévorée par les » flammes, et ta vie te sera enlevée au moment où tu y » penseras le moins. » Je portai plainte au maire. Le tribunal de Castelnaudary fit une descente; on ouït dans cette affaire plus de trente témoins; la chanson fut remise en question; l'écriture de cette même chanson avec celle de l'écrit attaché à l'arbre, fut reconnue être la même; par l'audition des témoins, on reconnut et ceux qui m'avaient chansonné, et ceux qui m'avaient dévasté mon domaine, en attentant à ma vie; qu'en résulta-t-il? rien. Les juges furent, à cette malheureuse époque, sourds et aveugles, comme l'avaient déjà été les autorités administratives, et leur silence sur cette malheureuse affaire donna tellement d'élan à cette bande d'assassins, que je fus obligé pendant six mois de rester prisonnier dans ma maison; c'était le vrai moyen pour me conserver à ma nombreuse famille; et pour conserver la gerbe des quatre métairies que j'avais alors, j'avais muni mes travailleurs des armes à feu pour la garder durant la nuit; ce qui me coûta plus de deux cents francs.

Voilà, mon cher ami, en abrégé, tout ce que j'ai souffert. Aujourd'hui que je suis tranquille, je voudrais ne me mêler de rien, et je ne vous cache pas que je suis fâché que mon père ait promis de voter; mais il l'a promis, c'est une affaire finie, et si l'on admet notre certificat (a), nous voterons.

Nous jouissons tous d'une bonne santé, et souhaitons que la présente vous trouve tous bien portans.

ROLLAND.

Certificat délivré quatre jours avant la clôture de la liste, c'est-à-dire à l'époque où il était impossible de le faire réformer à temps.

EXTRAIT du rôle des contributions directes de la commune de Pexiora, pour l'année 1820.

Monsieur Rolland Raymond, *dit* Pascal, et François, son fils.

ART.	*Foncier.*	*862 fr.*	*07 c.*
	Personnelle et mobilière.	*25*	*34*
	Portes et fenêtres. . . .	*6*	*17*
	Patente.	»	»
	Plus, pour frais d'impression et remise de l'avertissement.	»	*05*

TOTAL, huit cent quatre-vingt-treize francs soixante-trois centimes. *893 fr. 63 c.*

(a) Mais le certificat a été rejeté.

Certifié conforme au rôle par moi, percepteur des contributions directes, soussigné.

A Pexiora, le 26 octobre 1820.

LE PERCEPTEUR,

BARRIERE FILS AINÉ.

Vu à la mairie de Pexiora, pour la validité de la signature BARRIERE fils aîné, percepteur, apposée au bas du bordereau ci-dessus, le 27 octobre 1820.

JEAN-BAPTISTE JOULIA, *maire.*

Limoux, 27 octobre 1820.

Monsieur,

J'ai l'honneur de vous adresser trois cartes d'électeur pour distribuer aux électeurs qu'elles concernent. Je vous prie de les inviter à se rendre exactement à Castelnaudary au jour indiqué, je m'y rendrai moi-même. Je vous engage à les en prévenir et à se concerter avec moi sur la direction à donner à leurs votes dans les intérêts et les intentions du gouvernement.

Je vous renouvelle, Monsieur, l'assurance de ma considération.

Le sous-préfet de Limoux,

FAUVEAU.

Le signataire de cette lettre, M. Fauveau, sous-préfet dans le département de l'Aude, est le même qui s'introduisit illégalement dans l'enceinte de l'assemblée, quoique non électeur; sans doute pour tenir à la parole qu'il avait donnée de diriger en personne les élections. C'était probablement de sa part un acte de zèle et d'obédience, acte très-mal récompensé, puisque le bureau l'a invité à se retirer, et s'est vu même obligé de faire mention de cet ordre dans le procès-verbal du collége séant à Castelnaudary.

Un Électeur du Cantal à ses Concitoyens.

Nous avons été traités de *factieux* et de *séditieux* dans le sein du collége électoral du département, par quelques individus assis sur le banc opposé au nôtre, et sous les yeux de M. le président, qui n'a pu ou su leur imposer silence, quoiqu'il eût bien voulu nous accorder la parole, et que nous lui eussions annoncé d'avance l'objet sur lequel nous nous proposions de réclamer.

Nous avons été interrompus avant d'avoir pu même ouvrir la bouche; et, après des efforts aussi vains que réitérés pour nous faire entendre, nous avons été réduits à déposer notre réclamation sur le bureau, où nous ne sommes parvenus qu'à travers la plus violente opposition.

Nous croyons devoir la vérité tout entière à nos concitoyens, afin qu'ils jugent à qui appartiennent les épithètes de *factieux* et de *séditieux*, de celui qui réclame la stricte exécution de la loi et d'une ordonnance du Roi, ou de ceux qui, avec la fureur la plus constante et la plus stupide, ont empêché la voix d'un électeur calme et paisible d'arriver jusqu'au bureau. Nous croyons même la devoir à nos iuterrupteurs, qui, pour la plupart, ignorent pourquoi ils se sont tant agités, M. le président n'ayant pas jugé à propos de délibérer à part, avec le bureau, sur notre réclamation, ni de prononcer une décision à haute voix, comme lui en faisait un devoir l'article 11 de la loi du 5 février 1817.

Plusieurs fonctionnaires publics, pères de famille, désirant concilier leurs intérêts avec leur conscience, chose assez difficile depuis la destitution de MM. Dupont de l'Eure et Stanislas de Girardin, de MM. Camille Jordan et Royer-Collard, s'étaient vus à regret obligés d'écrire leurs bulletins sur une table rase et sous les regards des six membres du bureau, regards qui tombaient quelquefois, par hasard ou distraction, sans doute, sur la plume et le papier de l'électeur votant.

Ces fonctionnaires, très-estimables d'ailleurs, mais peu jaloux de l'honneur de partager le sort des quatre orateurs célèbres que nous venons de nommer, nous firent proposer, avant la séance du 14, bien plus importante que celle du 13, de demander à M. le président la liberté pour tous les électeurs, d'écrire leurs bulletins sur le bureau, mais *secrètemext*, ainsi que le veut l'article 12 de l'ordonnance du 11 octobre dernier, c'est-à-dire à l'abri des regards de tous les *argus* possibles.

Il est encore une classe nombreuse de citoyens utiles et respectables qui, sans être fonctionnaires publics, n'en sont pas moins exposés à perdre leur état et leur fortune. Personne u'ignore la circulaire de monseigneur le garde-des-sceaux à MM. les procureurs du Roi, circulaire dans laquelle il leur est enjoint de lui donner des notes sur les avocats, les notaires et les avoués de leur ressort, avec menace de suspendre de leurs fonctions et de priver de leur office et de leur brevet tous ceux qui lui seraient désignès comme *animés d'un mauvais esprit*. Qui sait si quelque correspondant officieux, oubliant que son excellence a voté contre la majorité de 1815 et a été censuré par elle, ne lui dénoncerait pas, dans un excès de zèle, si commun aujourd'hui, comme *animé d'un mauvais esprit*, tout électeur de l'une de ces trois catégories qui n'aurait pas porté un ancien membre de cette majorité.

Le vote *secret* pouvant seul mettre à couvert d'un semblable danger, plusieurs électeurs de cette dernière classe se joignirent auxpremiers pour nous inviter à être leur organe auprès du bureau. Ayant trouvé leur vœu aussi légitime que raisonnable, nous prîmes l'engagement de les satisfaire, et rédigeâmes, à la hâte et sur nos genoux, une réclamation aussi simple que modérée, et aussi respectueuse pour la forme que pour le fond.

Après la lecture de l'ordonnance du 11 octobre dernier, et de la proclamation du 25 du même mois, nous étant aperçus qu'un grand nombre d'électeurs était absent et qu'un côté seul de la salle était garni, nous crûmes pouvoir prendre la liberté de prier M. le président de faire passer le trompette dans les rues, ainsi qu'il l'avait fait la veille, pour inviter les électeurs à se rendre à leur poste, et de retarder, en attendant, l'ouverture du scrutin. M. le président eut la bonté d'appeler un valet de ville, et de lui donner, sans doute, l'ordre que nous sollicitions; mais il ne crut pas devoir retarder l'appel nominal. Nous demandâmes alors la parole pour présenter une réclamation dans l'intérêt de la loi et des électeurs. M. le président hésita quelques instans; puis, nous ayant requis de réclamer, nous répondîmes que c'était sur le mode de voter. La parole nous fut aussitôt accordée, et nous commençâmes, ou plutôt nous essayâmes de commencer la lecture de la réclamation suivante :

« Messieurs les membres du bureau,

» L'ordonnance du 11 octobre dernier dit, article 12, » paragraphe 2 : Chaque électeur écrit *secrètement* son » vote sur *le bureau*, ou l'y fait écrire par un élec- » teur de son choix.... L'une des deux dispositions pres- » crites par ce paragraphe a été fidèlement exécutée » hier, puisque nous avons tous écrit nos bulletins sur » le bureau; mais, nous le demandons à tous les hommes » impartiaux, celle qui ordonne d'écrire *secrètement* » son vote, l'a-t-elle été de même? Est-ce écrire *secrè-* » *tement* son vote que de l'écrire sous les regards des » six membres du bureau, surtout lorsque, parmi » eux, se trouve un *candidat* ouvertement déclaré, et » que le président est le plus proche parent et le plus » intime ami de ce *candidat*? Est-ce là voter avec cette » indépendance de suffrages que nous promettent, que » nous assurent, que nous garantissent les premières » paroles de la proclamation royale du 21 octobre der- » nier?

» Cependant, nous augurons si bien de la délicatesse » et de la loyauté de MM. les membres du bureau, par- » ticulièrement de celle du *candidat* désigné et de M. le » président, que nous ne doutons pas un seul instant » qu'ils ne prennent les mesures les plus promptes pour » concilier les deux dispositions qui ordonnent aux élec- » teurs d'écrire leur vote sur le *bureau*, et de l'écrire » *secrètement*.

» Ces mesures sont bien simples : elles consistent à » faire placer, entre M. le président et l'électeur votant,

» un carton qui, sans cacher le premier à l'assemblée,
» mettra le second à l'abri de tout regard indiscret. ».

Arrêtons-nous ici un moment, et pesons avec l'attention la plus scrupuleuse les moindres syllabes de cette réclamation, pour voir si elle motivait les cris, les murmures, les trépignemens et les injures qui ont accueilli nos premières paroles.

Est-il un *factieux* celui qui, modestement, s'adresse au président d'une assemblée, et lui explique, d'avance, l'objet sur lequel il veut réclamer dans l'intérêt de la loi et des électeurs de toutes les opinions?

Est-il un *séditieux* celui qui, plein de respect pour le texte sacré de la loi, veut qu'elle soit littéralement exécutée sans que l'intérêt, le caprice ou l'ambition puissent la morceler ou la diviser à leur gré?

Est-il un *factieux* celui qui, entrant dans la pensée du législateur, veut qu'aucun des moyens qu'il a assurés aux électeurs pour voter selon leur conviction la plus intime, ne soit mis à l'écart ou en oubli?

Enfin, est-il *séditieux* celui qui, sans chercher à revêtir son style d'expressions ambitieuses ou de couleurs passionnées, se borne à citer l'extrait d'une loi claire comme le jour, et à indiquer pour son exécution, un moyen si facile, qu'un enfant même le saisirait?

Mais, peut-être, nous accusera-t-on de personnalités, pour avoir parlé d'un membre du bureau, *candidat* ouvertement déclaré, et de M. le président, proche parent et intime ami de ce *candidat*. Nous demanderons d'abord si, supposé que ce soient là des personnalités, elles offrent quelque chose d'offensant. Nous demanderons ensuite si ces faits sont faux, si un membre du bureau n'était pas depuis long-temps *candidat* déclaré, prôné par une clientèle nombreuse, et hautement recommandé par l'autorité elle-même; si M. le président n'est pas le cousin-germain de ce *candidat;* si, depuis trente ans, en place tous les deux, l'un dans les administrations, l'autre dans les finances, on ne les a pas vus toujours unis et inséparables, en 1793 comme en 1815, pendant la terreur comme pendant les cent jours, sous la république comme sous l'empire? Exemple unique dans toute la France peut-être, et que nous admirerons tant qu'on voudra, sans pour cela cesser de penser qu'il était bon de soustraire à l'influence d'une amitié aussi rare la conscience des électeurs, dont un grand nombre peut bien, tout à la fois, aimer la personne d'un *candidat,* estimer son caractère, et néanmoins redouter ses opinions.

Peut-être, encore, nous reprochera-t-on, comme on l'a déjà fait, d'avoir cherché une occasion bien utile de tracasser, puisque, pour voter secrètement, l'électeur n'avait qu'à cacher son bulletin avec sa main gauche. Mais qu'on nous dise d'abord si cette posture est bien commode et bien décente pour un électeur, obligé de se courber sur une table assez basse, et de tenir son bulletin d'une main, pour pouvoir l'écrire de l'autre. Ensuite, n'était-ce pas ajouter à l'embarras d'un électeur timide, et, d'avance, le rendre suspect à ceux à qui il aurait essayé de dérober ainsi la vue de son bulletin?

D'autres, poussant plus loin leurs soupçons, feindront peut-être de croire que nous n'avons voulu qu'interrompre et prolonger les opérations du collége électoral... Misérable subterfuge de la mauvaise foi la plus insigne! comme si le placement d'un carton sur le bureau pouvait prolonger les opérations d'un collége électoral; comme si, au contraire, délivrant les électeurs de toute crainte et de toute gêne, il ne leur donnait pas les moyens de voter et plus vite et plus tôt.

Au milieu du tumulte causé par l'annonce seule de notre réclamation, on a entendu le *candidat* désigné s'écrier qu'il avait soin de détourner les yeux du bureau toutes les fois qu'un électeur écrivait son vote. Cet aveu honore assurément celui qui l'a fait, mais il prouve au moins que nul électeur ne pouvait voter *secrètement*, puisqu'on était obligé de détourner les yeux pour ne le point voir. Eh bien! c'était surtout pour éviter cette peine à la pudeur de M. le *candidat*, que nous avions formé notre demande.

Nous avons mis sous les yeux de nos concitoyens notre réclamation tout entière, et les justes motifs qui nous l'ont dictée. Qu'ils disent maintenant si le désir d'exciter les passions a pu approcher un seul instant de notre ame; si, au contraire, nous n'avons pas été exclusivement dominés par la pensée de procurer la plus grande liberté de suffrages possible à tous les électeurs quelconques : liberté sans laquelle, au lieu d'être l'expression fidèle de l'opinion publique et des sentimens de notre pays, une élection n'est qu'une vaine et fastidiense cérémonie, toute au profit de l'intrigue et d'un parti.

Comment se fait-il que d'indécentes clameurs et des vociférations sans nombre aient étouffé notre voix toutes les fois que nous avons essayé de la faire entendre? Comment se fait-il que l'élite de la population du département ait offert, en 1820, la dégoûtante répétition des scènes de 1793?

Nous ne saurions expliquer cet étrange acharnement que par l'idée où étaient les interrupteurs que notre démarche avait pour objet leur présence dans le collége électoral, où, se rendant justice au fond du cœur, plusieurs d'entre eux savaient bien n'avoir d'autre droit de paraître que l'inscription de leur nom sur la liste affichée aux murs de la salle. Si c'était là leur crainte, ils connaissaient bien peu la loi et notre inviolable respect pour elle. Hélas! nous n'ignorons pas qu'elle donne à l'autorité locale le droit de faire et de défaire des électeurs à sa volonté, sauf le recours au conseil d'état: recours, à la vérité, parfaitement illusoire cette année, puisque nous n'avons eu que cinq jours pour l'exercer.

Ce qui nous prouve cependant que cette idée seule les préoccupait, c'est qu'à leur tête se faisait remarquer un meneur subalterne qui, ayant transféré son domicile dans le département du Lot, par déclaration authentique du 20 avril 1820, déposée à la mairie d'Aurillac, n'a pas même le droit de cité dans le département du Cantal. Cet individu ne paie d'ailleurs, de son chef ou de celui de son épouse, que 250 francs de contributions, quoiqu'il soit porté sur la liste électorale pour 1628 francs, grâce à l'identité de ses nom et prénoms avec ceux de son père, dont il s'est attribué les biens pour pouvoir voter, mais dont on le défie de produire au jour les titres de propriété.

Telle était la colère de ce meneur en sous-ordre, pendant que nous essayions de parler; telle était son impatience lorsque nous allions déposer notre réclamation sur le bureau, que, pâle et hors d'haleine, il ne criait pas, mais beuglait; il ne s'agitait pas, mais semblait en proie aux plus violentes convulsions.

Il était merveilleusement secondé par un bruyant campagnard, que nous n'eussions jamais vu figurer sur les bancs électoraux, si on n'avait joint aux contributions de sa femme et aux siennes celles d'un frère puîné, qui paie presque autant que lui.

Ce dernier, s'il faut en croire des électeurs dignes de foi, prenant à la lettre les épithètes et les apostrophes dont nous étions l'objet, courait chercher la force armée pour nous faire arrêter comme un *factieux* et un *séditieux*, sans une grave personne qui, heureusement, a modéré l'ardeur de son zèle. Nous en savons beaucoup de gré à ce personnage officieux, et nous le remercions très-sincèrement de son obligeante démarche; mais nous pensons que celui qui voulait nous faire arrêter lui doit encore plus de reconnaissance; car, s'il est vraiment digne du titre d'avocat qu'il ose se donner, il ne peut ignorer à quelles suites l'article 109 du Code pénal expose quiconque empêche un citoyen d'exercer ses droits civiques.

Mais, au milieu de ce désordre, ce qui est inexplicable, c'est le sang-froid et la longue impassibilité de MM. les membres du bureau ; c'est leur affectation de ne pas nous entendre, quand nous les sommions de nous rendre et de nous maintenir la parole qu'ils nous avaient accordée; c'est leur faiblesse et leur ménagement pour des perturbateurs qu'un signe, un mot de M. le président eussent fait rentrer dans l'ordre et réduits au silence le plus profond.... Ce qui est surtout inexplicable, c'est leur refus de laisser placer un seul carton devant eux, mesure que leur commandait leur propre délicatesse, alors même que nous ne l'eussions pas réclamée.

Quoi qu'il en soit, nous n'en persistons pas moins dans notre réclamation et dans les motifs qui nous l'ont dictée; et nous pensons même que le refus d'y avoir égard, joint aux nombreuses irrégularités que présente la liste des électeurs, nous donne l'espérance et le droit de faire annuller par la chambre des députés les opérations du dernier collége électoral du département dn Cantal.

Aurillac, le 15 décembre 1820.

LIGONYER DEPRUNS,

Ancien colonel et chef d'état-major des gardes nationales de Cantal.

NOTE XII.

Voyez la Note VII.

NOTE XIII.

L'ON sait et l'on pourrait démontrer que des fonctionnaires administratifs n'ont pas rougi de chercher à répandre des nuages sur la position financière de quelques-uns de nos principaux banquiers : il y a, certes, en cela, oubli de toutes les notions sociales; car le crédit des banquiers et des négocians dans tous les temps, et surtout dans le système actuel de l'Europe, est considéré comme une des richesses capitales d'un pays : l'altérer, c'est attaquer l'état lui-même; c'est lui enlever une de ses plus belles ressources; c'est dessécher un des canaux de sa prospérité et de sa splendeur. Combattre l'opinion politique d'un homme est une chose permise; mais pour le punir de son opinion politique, pour arriver à celle-ci, tenter le renversement de sa fortune, c'est un délit, surtout quand cette dernière est liée indirectement à celle de l'état, et directement au sort de cinq ou six mille familles. Il appartenait à l'année 1820 d'offrir cette scandaleuse immoralité !

NOTE XIV.

A Monsieur C.... *Journal de voyage.*

Je vous ai promis, mon cher C..., un petit récit de mon voyage en Bretagne, pays qu'il me sera toujours doux de visiter, mais vers lequel vous savez que je ne me serais pas dirigé cette fois, si je n'avais eu à remplir mon devoir d'électeur. Vous n'ignorez pas que le double vote me répugne : il n'a fallu rien moins que les instances de mes compatriotes pour m'obliger à le consacrer de ma présence dans le Finistère, et puis le *Courrier français* leur ayant porté plus de vingt articles, où je les invite à exercer avec zèle leurs droits électoraux, je ne pouvais me dispenser de me mettre en route. Je vous dirai mon Odyssée ; c'est un mélange de bonne et de mauvaise fortune, ainsi qu'il arrive à tous les voyageurs : eh ! sommes-nous autre chose en ce monde que des voyageurs ?

5 novembre 1820.

Me voici à Rennes; mais je n'y resterai pas longtemps, quoique ce soit ma ville natale. Jai entendu que MM. les étudians en droit, bien que je n'aie l'avantage d'en connaître aucun, se proposent d'accorder quelques violons en mon honneur; et comme je sais que M. le procureur général n'y prend pas goût, même qu'avant de partir pour sa présidence, il a laissé à ses subordonnés des ordres mysharmoniques, je m'abstiendrai de compromettre, par un séjour prolongé dans le chef-lieu d'Ille-et-Vilaine, une excellente jeunesse qui a la sottise de se croire obligée envers des mandataires auxquels le sort de son avenir ne semble pas indifférent.

Même jour, à midi.

Bon! on vient de m'apprendre que, plein d'une sollicitude tendre et bénévole, le gouvernement va me faire escorter par un commissaire de police! Ce que c'est que les attentions! Ce brave homme, me dit-on, arrive de Londres, où, incognito, il a dû veiller, par les mêmes ordres, à la sûreté de M. le duc Decazes. C'est un rapprochement de destinée que j'offre à vos réflexions. Il devait passer une quinzaine de jours au sein de sa famille, pour s'y reposer de ses fatigues. Mais une volonté supérieure l'oblige tout à coup à prendre avec moi la route de Brest, ville au service de laquelle d'ailleurs il est déjà attaché. S'il est bon père, bon époux, comme la chose est possible, le pauvre diable doit bien maudire en lui-même l'arrivée d'un député libéral, par suite du double vote. Quant au dernier, je ferai volontiers chorus avec lui, sauf à lui garder le secret. On me glisse dans le tuyau de l'oreille que, comme il appartient à une espèce d'êtres obscurophyle de sa nature, sorte de phalène à deux pieds, il n'entrera dans le cabriolet de la diligence qu'après la sortie des barrières. A lui permis; voilà cinq jours que je suis en voyage: j'espère bien être alors endormi.

Saint-Brieux, 6 novembre.

En arrivant à Saint-Brieux, chef-lieu des Côtes-du-Nord, j'ai entendu que j'aurais à regretter trois de mes bons et estimables collègues, MM. Rupérou, Néel et Carré. Qu'est-ce donc qu'une loi qui enlève de tels représentans à une nation? L'on m'assure que par forme d'indemnité, j'acquière le frère de M. de Saint-Aignan. En fait d'attachement, ce que l'on gagne ne fait jamais oublier ce que l'on a perdu. Les mères et les épouses, frappées dans ce qui leur a été cher, ont depuis longtemps donné un démenti à M. Azaïs. Toutefois, un frère de M. de Saint-Aignan, nommé par les amis de M. de Saint-Aignan, et en témoignage d'une estime qui lui survivra, ne peut être qu'un excellent choix. J'y compte : c'est une bonne connaissance à faire. Ci, pour mémoire.

Morlaix, 11 heures du soir 6.

J'arrive à Morlaix; je soupe avec M. le commissaire de police, qui a passablement interrogé sur mes projets le conducteur de la diligence, lequel a été aussi discret à son égard, et par la même raison que M. Bonneau, dans *une Journée à Versailles*. Je me couche; à demain.

7 novembre.

Qui me réveille? C'est un ami, c'est M. Desbordes, collègue de celui qui s'entretient avec vous, mon cher C...
— Quoi? vous, lui dis-je, je vous croyais à Brest!
— J'y serais encore, si le télégraphe ne m'avait appris votre arrivée. Ordre de ne point former d'attroupe-

ment; ordre de marcher deux à deux, trois au plus; ordre de ne pas faire de musique en plein air; de ne point donner de sérénades; affiches en conséquence au coin des rues! Que l'on dise après cela que la police n'est pas instruite de tout ce qui se passe dans le royaume! A l'instant j'ai fait observer à notre doyen Guilhem que vous deviez être parti, peut-être même rendu à Morlaix, et me voilà arrivé tout exprès pour vous enlever à votre auberge et à votre commissaire de police.

C'était pourtant un bien brave homme que M. Villain (tel était son nom); mais il nous a fallu nous quitter!

Morlaix, 10 novembre.

Je ne vous apprendrai pas, car vous devez le présumer, que j'ai été comblé de bontés dans la maison de M. Desbordes, l'un des hommes les plus estimés et les plus considérés de la ville de Morlaix, quoiqu'atteint de cette maladie de libéralisme qui s'est avisée tout-à-coup d'envelopper tant d'honnêtes gens de sa contagion. C'est pire que la fièvre jaune, disent certains autres; car on n'en meurt pas. Je ne vous eusse vu et entendu qu'une fois, mon cher C., sans qu'un mot de politique fût sorti de votre bouche, que je vous eusse supposé atteint de ce mal. Chez plusieurs, comme vous, comme moi, comme mes bons et respectables collègues, il est incurable. Un petit nombre de Français en guérit. On croit qu'il entre de l'or potable dans les loks qui leur ont été administrés. Jusqu'à présent c'est le seul remède connu. Le dépôt est à Paris, et il en a été expédié quelques fioles pour les départemens; mais les commandes sont rares, surtout dans le Finistère.

Il faut que je vous le dise, mon bon ami : le maire de Morlaix n'a pu échapper à cette atmosphère pestiférée ! Oui, le maire de Morlaix, en personne, en fonctions même, dussiez-vous pousser votre étonnement au superlatif ! Ancien Vendéen, jeté et promené de prisons en prisons pendant la terreur, royaliste avant la restauration, royaliste encore aujourd'hui, adoré dans la ville de Morlaix, où il commande par la simple expression de ses désirs (excepté en une seule circonstance, dont je ne puis me dispenser de vous informer), homme d'un esprit orné de plusieurs connaissances positives, fidèle sujet du prince, par cela même bon Français et ami du pays, M. Beaumont a autorisé (voyez le grand crime !) deux sérénades qui m'ont été données : ce n'est pas tout, le malheureux ! il a assisté à un banquet de près de cent couverts, dont on nous a fait les honneurs à mon collègue Desbordes et à moi ; le jacobin ! comme citoyen, comme premier magistrat de la ville, il y a porté le toast du Roi reçu avec acclamation, et auquel j'ai fait succéder celui de *la restauration* de la Charte.

Ce M. Beaumont ne doit pas vous êtes tout-à-fait inconnu. Une ordonnance royale l'avait nommé sous-préfet de Morlaix ; le titulaire a cru, bien à tort (et je puis vous l'attester, l'ordonnance n'ayant été sollicitée que par les députés du Finistère), que le remplaçant avait provoqué sa révocation, ou plutôt son changement : sans être riche, M. Beaumont a pris la manière la plus noble et la plus généreuse qui existe au monde, de faire une réponse en pareil cas. Sans égard pour nos supplications, il a refusé la place de sous-préfet d'une ville qui le chérit, place à laquelle il était déjà promu par le *Moniteur*, pour demander celle de maire, également vacante, voulant, à titre gratuit, être encore utile à son pays. Voilà où en sont ces coquins de libéraux, et que voulez-vous faire de pareilles gens ? On leur enverrait toutes les fioles de Paris, qu'elles y échoueraient ; je les tiens pour incurables, depuis le maire de Morlaix jusqu'à celui qui vous écrit.

M. Beaumont, je viens de vous le dire, trouve chez ses administrés une obéissance pour laquelle je voudrais imaginer un autre nom. Il y a là-dedans du respect, de l'amitié, de la confiance, de la crainte de désobliger. Cherchez pour tout cela une expression générale, et vous me l'enverrez par le prochain courrier, pour que j'en puisse moi-même user à l'avenir. Cependant cette soumission a souffert une lacune, et il faut que je vous raconte comment s'est faite cette éclipse de bien courte durée. A peine a-t-elle été partielle; c'est mon honorable collègue, M. Bourdeau, qui est venu malheureusement s'interposer, à l'instar d'une planète étrangère, entre le maire de Morlaix et ses fidèles administrés. Comme pendant deux grands mois il a traduit mes compatriotes, tant de Brest que des autres villes du département, de tribunaux en tribunaux ; comme je ne saurais imputer qu'à lui seul les vexations dont quelques-uns ont été l'objet, et d'autres victimes par des destitutions, il est tout simple que, dans l'intérêt d'une contrée affligée de sa présence, je vous raconte ce qui a amené le fameux charivari, dût mon récit tomber sous d'autres yeux que les vôtres. Si M. Bourdeau a des devoirs à remplir, j'en ai aussi ; et tant que j'aurai une goutte d'encre dans mon cornet et de sang dans les veines, je veillerai à ce que l'on ne m'accuse pas de les avoir méconnus. Par qui sera défendu un département qui n'a point de reproches à se faire, ou dont les torts ont été motivés, si ce n'est par ses députés? Rentré demain dans la vie commune, je me tais; jusque-là, ma faible protection lui est acquise. Ainsi, montrez ma lettre, mon bon ami, si vous le jugez convenable. Je ne la désavouerai pas.

Arrivé à Morlaix, M. Bourdeau y a pris un ton de gravité très-austère avec les membres du tribunal; sans doute il a cru en avoir le droit, et cela ne me regarde pas : il s'est plaint de l'esprit de la ville, en présence de tout ce qui l'a approché pendant son séjour à l'auberge, ce qui n'est pas trop adroit, et de là il est parti pour la campagne de l'un des gentilshommes les plus distingués de la province, mais chez lequel, deux ans plus tôt, il n'eût peut-être pas mis les pieds, car la convergence d'opinions n'a eu lieu que plus tard.

Ne voilà-t-il pas que les jeunes gens de Morlaix se mettent dans la tête de donner, sur la route, un charivari à M. Bourdeau; et dans cette idée, que je voudrais pouvoir excuser pour son originalité, ils s'avisent d'aller l'attendre à un quart de lieue de la ville. M. le maire l'apprend, accourt lui-même, et supplie cette jeunesse inconsidérée de s'abstenir d'une pareille œuvre. On semble méconnaître sa voix; il conjure, il supplie : « M. le maire, lui replique-t-on, nous sommes désolés de ne pouvoir vous satisfaire, car nous sommes résolus à donner le charivari à M. Bourdeau, dussions-nous être jetés en prison jusqu'au dernier. C'est la seule fois que nous nous permettons de vous désobéir; mais il est impossible que cela se passe autrement : vous nous punirez après, si vous le voulez. »

Et le charivari eut lieu, mais ne dura qu'un instant. Il est certain qu'en cela, il y a eu une suite de prédestinations; car, pendant que les choses allaient ce train sur le quai, le valet-de-chambre de M. Bourdeau disait à l'hôtesse de l'auberge où ce député était descendu : « Voilà pourtant, madame, comment nous sommes traités depuis huit jours, et je vous avoue franchement » que cela commence fort à m'ennuyer! »

Mais si mon collègue de l'Ile-et-Vilaine a eu ses désapointemens, j'ai eu aussi les miens. On m'a fermé au nez les portes de la ville de Brest, oui fermé les portes! c'est ce que je me réserve de vous raconter bientôt. Chassé ici, escorté là par des agens de police, je puis vous apprendre que tout n'est pas profit dans les voyages. Si MM. les ministériels sont dans le cas d'entendre une musique en désacord et en faux bourdon, on s'escrime un peu plus vigoureusement contre leur partie adverse, et M. Bourdeau m'excusera de réveiller les souvenirs d'une anecdote dont, sans doute, il a le bon sens de rire tout le premier aujourd'hui, quand il ne s'agit de rien moins que de nous chasser des villes de nos départemens, de nous pendre, ou de nous assassiner. Mon collègue M. Benjamin Constant pourra vous dire ce qu'il pense des banquets de Saumur, et si plutôt que de se trouver à pareille fête, il n'eût pas préféré dîner paisiblement avec son aimable moitié, rue Saint-Honoré, n° 348. Quand je songe à sa course et à la mienne, je suis tenté de comparer la pénible carrière d'un député libéral à ces triomphes d'un ancien peuple, où le vainqueur, en traversant la voie sacrée sur un quadrige, recueillait à la fois les louanges et les invectives de ses contemporains. Loués dans la rue, nous sommes honnis dans quelques salons, heureux quand cette improbation ne se manifeste pas d'une manière moins civile! D'autres, il faut en convenir, on fait un meilleur choix. Que voulez-vous? il ne faut pas disputer des goûts, et les pensions, les magistratures et les bons dîners des ministres ont aussi leur mérite.

Quant au repas, je crois que c'est la chose du monde dont j'eusse le moins manqué dans ma route; j'entends des repas où assistaient de bons pères de famille, d'honnêtes citoyens amis de leur pays et de ceux qui en défendent les droits. Les autres seront peu nombreux pour tout député libéral qui, ayant le plus grand nombre de ses relations dans la classe des fonctionnaires et des employés du gouvernement, ne voudra pas les compromettre. Telle a été ma situation, mon cher C...., à Quimper, chef-lieu du Finistère, pendant la session électorale. Après trente ans de séjour dans cette ville, où, j'ose le dire, j'avais quelques amis, j'ai été réduit à leur serrer la main en cachette, à les visiter à la dérobée, à me glisser chez eux, ou à les voir se glisser chez moi aux approches du soir, avec un habit couleur de muraille. Sur cinq jours que j'ai passés au milieu de mes pauvres compatriotes, je me suis assis trois fois à des tahles d'hôte: ainsi l'a voulu un ministère soi-disant français; bientôt il nous interdira le feu et l'eau. Que la volonté du ciel soit faite! mais si c'est cela que l'on décore du nom de gouvernement représentatif, je crois que l'on pouvait se dispenser de nous en parler.

Quimper, 14 novembre.

Les élections ont été ce que l'on a voulu qu'elles

fussent, ce qu'elles devaient être, après les précautions prises. Nous étions 80; on était 125 : la question a été bientôt décidée.

Même ville, 15 octobre.

Il n'est bruit ici que de la lettre de M. le préfet, relative au rétablissement des croix dans tout le Finistère. Sa circulaire, sous la date du 8 novembre, ne semble à plusieurs avoir été publiée pendant les élections, que pour persuader à quelques pauvres paysans, par l'autorité d'un signe respectable, que la contre-révolution étant consommée au profit du clergé et de la noblesse, il ne leur restait plus qu'à donner leurs suffrages aux amis de ces deux ordres. Je n'aime point à plaisanter sur de pareilles choses, mon cher ami, vous le savez, et je m'en abstiendrai, quoique le fait dont il s'agit, y prête d'autant plus que M. l'évêque, tant par sa qualité de président du collège que par son influence personnelle, était dans le même moment, le directeur politique des élections.

Le Finistère est plein de bonnes intentions et animé d'un civisme désintéressé; le poste de député n'y est point brigué par les libéraux, quoiqu'ils forment les sept huitièmes de la population pensante. Dans l'embarras d'un choix, ils s'étaieut encore décidés, cette fois, à nous adjoindre un collègue étranger, attaché au conseil d'état en qualité de maître des requêtes, et connu par des ouvrages de jurisprudence qui lui ont mérité l'attention du public; c'est M. Legraverend, cousin du respectable et recommandable dépnté de ce nom. Comme moyen de succès qui ne leur eût pas été désagréable, les libéraux avaient jeté les yeux sur un autre candidat choisi parmi leurs adversaires eux-mêmes, homme de mérite et d'esprit, et fait en tous sens pour honorer une députation, surtout après que nos bases constitutionnelles auront été affermies. Certes, ce n'est pas en procédant de cette manière que l'on menace le gouvernement de son pays. Mes collègues et moi nous avons envain favorisé ces vues. Notre petit nombre (chose remarquable dans des élections qui devraient avoir un caratère de popularité!) y a mis obstacle.

Je ne terminerai pas cette lettre, sans vous raconter ma mésaventure. Vous savez que, dans ses *Amours des Gaules*, Bussy-Rabutin, en traçant le portrait de sa très-spirituelle et quelque peu prude cousine, prétend que la sagesse de madame de Sévigné l'eût mal défendue contre une séduction qui eût possédé le secret de son cœur. Propos de vieux libertin, dira votre chère épouse, et je ne m'aviserai pas d'être d'une autre opinion! Puis il ajoute assez plaisamment que, quoique le mari de cette femme célèbre n'ait pas payé le tribut à la destinée commune, il ne l'en tient pas moins pour *cocu devant Dieu*. Cela est drôle. Le *devant Dieu* est charmant à mon avis, et je suis sûr que madame de Sévigné elle-même en aura ri comme une folle.

Eh bien! devant Dieu, on m'a aussi fermé les portes de Brest, quoique je n'y fusse pas en personne. Une trentaine des citoyens les plus notables de la ville avaient eu la bonté de venir au-devant de nous à travers six lieues de pays. M. Guilhem et son fils étaient de ce nombre. Un repas élégant, que leur arrivée fit préparer à Landernau, nous réunit à plus de quatre-vingts habitans de cette ville, chez lesquels on voulut bien nous retenir à coucher. Cependant MM. les Brestois retournèrent chez eux, tant à pied qu'à cheval. Cela avait l'air d'un petit cortége; on m'y crut. Une grande foule bordait déjà les glacis, et, trois heures avant le signal accoutumé, par ordre supérieur on ferma les portes de la place. Chacun, après avoir eu peur de passer la nuit à la belle étoile, rentra comme il put par le guichet, en se faisant réclamer, ou en montrant ses papiers et sa figure. Je vous demande, après cela, si on ne pourrait pas m'appliquer au mieux le mot de Bussy-Rabutin.

Pendant que l'on me traitait, comme vous le voyez, assez rigoureusement à quelques lieues de Landernau, j'y passais une soirée très-agréable chez M. Radiguet, l'un des premiers négocians de cette petite ville, où le commerce fleurit d'une manière digne de remarque depuis quelques années. Comme vous n'aurez pas probablement l'occasion de voir ce bon père de famille, je me dispenserai de vous parler en détail de ses fille et bru, mesdames Goury et Radiguet jeune. Il me suffira de remarquer que Sterne, à ma place, dirait : « Notez sur vos tablettes que toutes les femmes sont » aimables et jolies à Landernau. »

Lassé de voir l'autorité sévir et frapper ses coups sur de pauvres fonctionnaires qui n'en peuvent mais, je n'ai pas voulu lui en fournir de nouvelles occasions, et à mon vif regret, après avoir reçu l'accueil cordial de MM. de la Habaudières à Qimper, et l'hospitalité générense de Chateaulin, j'ai laissé Brest sur ma gauche. Il faut savoir faire des sacrifices. Adieu.

K.

17 novembre.

NOTE XV.

De la Situation actuelle de la Corse.

La Corse est devenue, depuis la chute de Napoléon, un objet de dénigrement pour quelques écrivains. Une brochure que l'absence de toute espèce de talent, d'exactitude et de connaissances locales, avait condamnée à l'oubli, a été exhumée à la tribune de la chambre des députés par M. Clausel de Coussergues; et le ministre semble avoir puisé dans cette éphémère production les motifs d'un acte inconstitutionnel qui frappe ce département, et menace la France entière. En donnant à un général la suprématie sur toutes les autorités civiles d'un département, le gouvernement usurpe un pouvoir que la constitution lui refuse. Cette mesure exceptionnelle exige le concours du pouvoir législatif. Le commandant d'une division militaire n'a de rapports de service qu'avec les troupes régulières ou avec la garde nationale. Comment peut-il être appelé à recevoir les plaintes et les réclamations des citoyens? L'indépendance des corps judiciaires est la garantie la plus précieuse de la sûreté des personnes et des propriétés; comment peut-elle être soumise à l'influence d'une autorité militaire, qui la rendrait véritablement dépendante? L'administration préside à tous les actes qui ont pour objet l'assiette et le recouvrement des contributions. La dépendance de l'autorité militaire blesse à la fois la raison, les droits des citoyens et les intérêts de l'etat. Cette ordonnance établit ou une véritable confusion de pouvoirs, d'où résulterait inévitablement l'anarchie, ou l'action violente et arbitraire de l'autorité militaire, qui les subjuguerait tous.

Nous n'ignorons pas que l'on cherche à établir que la position géographique de la Corse, que les mœnrs et les habitudes de ses habitans diffèrent trop de la situation du continent français et des mœurs de la France, pour permettre de la régir par les mêmes lois. Avant la révolution, la Corse avait des états-généraux, une cour supérieure et une intendance comme la province du Languedoc; son gouverneur, M. de Marbeuf, n'était à la Corse que ce que les gouverneurs du Languedoc ou de la Bretagne étaient à ces provinces. Depuis la révolution, ce département n'a cessé d'être régi par les mêmes lois que le reste de la monarchie. Quelques mesures exceptionnelles ont été prises; de ces mesures sont résultés les maux qui affligent aujourd'hui ce département. Dès que l'on rentre dans ce système, aussi imprudent qu'injuste, ces maux doivent s'aggraver. La concentration illimitée des pouvoirs est toujours le moyen qui s'offre à l'esprit des hommes imprévoyans et faibles. L'exacte observation des principes constitutifs de l'ordre social et des lois appartient aux hommes qui ont de l'étendue dans les vues et de la fermeté dans le caractère. La France doit craindre que l'essai qu'on fait aujourd'hui sur celui de ses départemens qui est le plus éloigné, qui a le moins d'appui, n'établisse un précédent funeste aux autres départemens; des motifs spécieux ne manqneraient point.

La Corse est, de tous les départemens, celui qui est le moins divisé par les opinions politiques; aucune lutte dangereuse, pas même un cri séditieux, n'ont pu offrir un motif un peu raisonnable pour le placer hors de la loi commune. L'assassinat d'un juge est un grand malheur ; mais offre-t-il des raisons plus puissantes que l'assassinat d'un maréchal de France, de deux généraux et de plus de trois cents protestans?

Nous nous plaisons à reconnaître que le choix du général obviera en grande partie à des inconvéniens aussi graves. Sa gloire militaire, la rectitude et l'étendue de son esprit, sont de nature à rassurer les citoyens de la Corse, autant qu'ils peuvent l'être après les mesures extraordinaires dont ils ont été l'objet. Dans l'acte émané du gouvernement, nous rendons justice à l'intention ; mais il n'en est pas moins peu réfléchi et illégal de sa nature. L'urgence de la position de cette partie de la France n'était pas telle qu'on ne pût attendre l'ouverture des chambres pour la reconnaître et justifier l'acte qui l'enlève au droit commun. On le croira d'autant moins, que celui-ci n'a guère précédé que de quinze jours la séance royale. Sans doute que MM. les ministres se proposent de rendre compte de cette mesure, de prouver qu'elle était indispensable, et d'obtenir ainsi un bill d'indemnité ; autrement il y a dans l'état superfétation de deux pouvoirs, ce qui sans doute est l'avis de tous ceux qui n'en veulent qu'un seul, quand ils l'administrent eux-mêmes. Ceux-ci auront approuvé ce qui a lieu à l'égard de la Corse, et ils se seront dit : « *Faciamus experientiam.* »

NOTE XVI.

Nous avons développé cette opinion dans plusieurs articles du *Courrier* avant la censure des journaux, et même dans nos *iuductions morales et physiologiques* ;

nous y renvoyons le lecteur, s'il n'a pas trouvé déjà en lui-même les graves motifs qui nous ont attachés à ce sentiment.

NOTE XVII.

A M. le Rédacteur du COURRIER FRANÇAIS.

MONSIEUR,

IL est du devoir de tout écrivain, et spécialement de celui qui a un caractère public, de donner une explication à sa pensée quand le sens de ses paroles, par interprétation ou par simple extension, peut peser sur quelqu'un qui ne le mérite pas. C'est une obligation dont je vais m'acquitter : j'ai demandé, p. 58 *des Documens historiques*, « Pourquoi un abrégé de l'Histoire » de France, classique dans le collége de Lyon, deux » fois réimprimé dans cette ville, n'*a jamais fixé les* » *yeux de l'autorité*, quoique chacune de ses pages » proclame le mépris de la nation française et de ses » armées et de ses citoyens ? »

Une lettre qui vient de m'être adressée par mon honorable collègue M. Lezai-Marnézia, préfet du Rhône, me prouve jusqu'à l'évidence qu'il n'a pas tenu aux soins de ce magistrat que l'écrit dont il s'agit ne fût déféré aux tribunaux, et qu'on ne retirât de la circulation un livre qui contient *les pages les plus injurieuses pour la nation et l'armée française*, suivant les expressions même de M. le préfet; ainsi, ce qu'il y a de collectif dans les termes dont je me suis servi ne peut nullement lui être appliqué.

Mon honorable collègue réclame encore contre la dénomination de *classique* que j'ai donnée à cet abrégé de l'Histoire de France, et il cite à l'appui de sa réclamation ses propres lettres, adressées le 9 février 1818 à M. le ministre de l'intérieur, à M. le recteur de l'académie de Lyon, à MM. les vicaires généraux du même diocèse. Je crois devoir placer ici un précis textuel des réponses faites à ces lettres, dictées dans un esprit vraiment français. M. Lainé a blâmé hautement l'ouvrage, et par conséquent approuvé la conduite de M. le préfet du Rhône, qui, sans ambiguité, déclarait que cette prétendue Histoire de France devait être aussi bien éloignée des écoles ecclésiastiques que des écoles civiles.

M. le recteur de l'académie de Lyon a répondu qu'il était possible que cet abrégé *à l'usage de la jeunesse*, suivant son titre, eût pénétré dans quelques écoles, mais qu'il ne se trouvait point entre les mains des élèves confiés à l'instruction publique.

MM. les vicaires généraux du diocèse ont dit *ne croire pas* que le nouvel ouvrage, en 3 vol., eût pénétré dans les écoles ecclésiastiques.

Et M. Royer-Collard, répondant à la sollicitude de M. le ministre de l'intérieur, a confirmé l'assertion de M. le recteur de l'université de Lyon, tout en observant qu'il résultait des renseignemens pris sur les lieux, qu'il avait été admis des exemplaires de l'ouvrage précité dans l'école ecclésiastique de Saint-Acheul.

Tel était l'état des choses quant à ce livre, au mois de février 1818; et peut-être eussé-je eu tort de le regarder alors comme *classique*. A cette date, M. le préfet du Rhône citait la 3e édition, publiée par Rusand, libraire, imprimeur du Roi. Eh bien! je remarque avec une douloureuse surprise que la cinquième édition a paru chez le même, à Lyon, au commencement de 1819!

Or, je demande s'il ne faut pas qu'un livre élémentaire en deux ou trois volumes, acquière une prodigieuse vogue, et qu'il devienne presque classique, pour recevoir, dans quelques mois, les honneurs de deux éditions et en procurer les profits à son libraire. Certes, ce dernier n'imprimait pas l'*Abrégé de l'Histoire de France* pour l'entasser dans son magasin. Négociant, il a spéculé, et il est de toute évidence que la haine de nos institutions a fait son entreprise bonne : mais il n'est pas moins démontré que c'est aux dépens de l'esprit de la jeunesse religieuse, à laquelle on cherche à inspirer les sentimens les plus hostiles contre ce qui est saint et respectable aux yeux de la patrie.

Je me résume : puisque ce livre circule impunément et fait gémir la saine morale non moins que la presse, il est évident que l'autorité a été et est par continuation impuissante pour réprimer et arrêter ce scandale : toutefois je dois reconnaître que M. Lainé, en 1818 ministre de l'intérieur, et que M. Royer-Collard, alors président de la commission d'instruction publique, ont fait des efforts dont on doit leur savoir gré ; il m'est également prouvé que mon honorable collègue M. Lezai-Marnézia, encore préfet du Rhône, a rempli tous les devoirs d'une sollicitude éclairée. Mais je demanderai à mon tour : Qui donc empêche que la patrie donne à ses enfans une saine nourriture, appropriée aux nouveaux besoins du corps social ? Qui place au contraire entre leurs mains un aliment que la religion elle-même est tristement obligée de désavouer ?

J'ai l'honneur d'être, etc. KÉRATRY,

député et auteur des Documens historiques.

Paris, 14 octobre 1820.

P. S. On assure qu'une septième édition de cet ouvrage s'est vendue à Paris, chez Rusand, libraire, cour de l'Abbaye-S.-Germain-des-Prés.

NOTE XVIII.

Rennes, novembre 1820.

A M. l'Evêque de Rennes.

MONSEIGNEUR,

IL y a plus de ving-neuf ans que les raisons sur lesquelles vous appuyez votre conduite à mon égard, ont été pulvérisées, ce que j'ai vérifié de nouveau depuis que j'ai eu l'honnéur de vous voir; d'où vous pouvez conclure que je suis bien loin d'accéder à ce que vous exigez impérieusement et avec menaces. *Non enim possumus aliquid adversus veritatem, sed probo veritatem.* Vos pouvoirs sont à vous, ma conscience est à moi. J'ai l'honneur de vous prévenir que ma santé et d'autres affaires m'appellent à Paris, et que mon absence momentanée ne prendra rien sur les sentimens que la religion me commande à votre égard, et avec lesquels j'ai l'honneur d'être très-respectueusement, de votre grandeur,

Monseigneur,

Le très-humble et très-obéissant serviteur,

LANJUINAIS,

Prêtre, docteur en théologie et en droit canon, romain et français, et sous-doyen de votre chapitre.

Plutôt que de déposer la pétition suivante sur le bureau de la chambre, les députés du Finistère se sont arrêtés à l'idée de s'adresser au chef de la division des cultes, en faveur du respectable ecclésiastique qui l'a souscrite. M. Auguste Jordan y a mis toute la bienveillance et toute l'urbanité que nous pouvions attendre de son caractère. La réponse de M. l'évêque de Quimper a été négative. Tout en rendant justice au mérite personnel de ce prélat, nous croyons devoir publier cet écrit comme preuve du système adopté.

A Messieurs les Députés des départemens.

MESSIEURS,

Le 1er décembre 1817, en vertu d'une citation notifiée à mon domicile la veille, par un huissier royal, signé CABON, j'ai comparu devant M. Hervern, juge d'instruction du tribunal de Morlaix, pour répondre à une inculpation portée contre moi, et dont voici la teneur : « Avez-vous dit à un jeune homme de ne pas se » marier? *R.* Non, M. le juge. — Avez-vous dit à ce » jeune homme, devant Valentin Mousterou, qu'on » demandait le recrutement des armées; que les af- » faires allaient mal en France?—Non, M. le juge. »

Le lendemain 2 du même mois, M. Floch, curé de Morlaix, me fit passer une lettre sans date, avec ordre de me rendre sur-le-champ auprès de lui pour une affaire de la plus grande importance. C'était pour me dire verbalement : « Je vous interdis, Monsieur, de toutes fonctions jnsqu'à nouvel ordre. »

L'inculpation portée contre moi, dénuée de tout fondement, a tombé d'elle-même dès qu'elle a paru, et est rejetée sans y pouvoir plus revenir. Au tribunal on lit, dans la case nº 63 ou 65 : Affaire de M. l'abbé Piton ; *affaire finie*. M. l'avocat-général en a instruit Mgr. l'évêque. Je fus néanmoins expulsé de ma paroisse, le 16 février 1818, de la part de M. le curé de Morlaix, par un ordre donné par écrit, signé de M. Le Gac de Lansalut, maire de Sainte-Sève, succursale supprimée, ayant été repoussé en 1806 de la succursale de Plourin, où j'exerçais mes fonctions depuis 20 ans.

J'ai écrit à M. le curé de Morlaix, le 14 juillet; à M. de Tromelin, vicaire-général, le 13 août, en l'absence du prélat; à Mgr. l'évêque, le 14 décembre dernier, sans obtenir aucune réponse. J'ai sollicité en vain de rentrer dans mes fonctions, de dire au moins la sainte messe, ou qu'on m'accordât les moyens de subsister.

Que ma vieillesse, Messieurs, ne devienne pas pour moi un fardeau insupportable; déjà septuagénaire, désirant finir ma carrière en paix, en bon chrétien, en honnête homme, en bon prêtre, harcelé pour cause de prestation de serment, j'implore l'intervention de votre autorité.

Lorsqu'il n'y a pas de délit prouvé, ou lorsque le délit n'est pas assez grave pour mériter l'interdit, le jugement qui le prononce est injuste, oppressif et vexatoire. Le délit n'est pas prouvé, le jugement de l'interdit est pronoucé avant la sentence juridique. Le délit n'est pas assez grave pour mériter l'interdit; il n'y a aucun délit quelconque, civil ni ecclésiastique, où il n'y a pas de culpabilité...... Quelle culpabilité civile ou ecclésiassique peut-on trouver dans un prêtre qui a toujours tenu une conduite régulière et digne d'un ecclésiastique, qui est homme de très-bonne vie et mœurs, qui a pour lui le témoignage de sa conscience, qu'il peut appuyer de celui de tous les supérieurs, civils et ecclésiastiques qu'il a eus depuis quarante-cinq ans, et de celui du public? Le certificat ci-joint est le résultat du témoignage général des personnes les plus considérées de la ville et de tout le canton de Morlaix, canton où j'ai exercé mes fonctions pendant quarante-deux ans. (*a*)

Je vous supplie, Messieurs, d'avoir en considération l'exposé sincère que j'ai l'honneur de vous adresser, et de vouloir bien venir au secours d'nn vieillard qui, mis aux prises avec l'opprobre et les misères de toutes espèces, réclame son état, sa propriété qu'on lui a ôté; un vieillard qui se voit victime d'une calomnie que la politique elle-même improuve. Celle-ci voit avec peine et désavoue les désastres que celle-là se plaît à maintenir et à multiplier.

Si ma réclamation, Messieurs, était digne d'être mise sous les yeux des ministres, appuyé de votre puissante médiation, j'ai la confiance que S. M. ne dédaignerait pas de m'accorder la justice impartiale qne j'ai droit d'attendre de la Charte et du gouvernement.

PITON, *ex-desservant de Sainte-Sève.*

A Morlaix, 15 octobre 1818.

(*a*) Nous avons ce certificat.

NOTE XIX.

La lettre suivante est très-curieuse; elle nous a été adressée par un prêtre italien; comme elle contient des vérités, et qu'elle est propre à rectifier bien des idées, nous la mettons sous les yeux des lecteurs.

Paris, 13 mars 1820.

Monsieur,

Je n'examine point si vous êtes influencé par l'accueil injuste que le clergé de France a fait à vos *inductions*. Vous feriez bien de l'oublier, puisque le public vous y autorise. Vous avez raison d'attaquer la démence politique du clergé de France.

Mais vous avez tort d'en inculper l'*ultramontanisme*. C'est précisément parce que vos prêtres ne ressemblent en rien aux prêtres italiens qu'ils extravaguent.

Les prêtres italiens sont prudens et populaires : ils parlent de Jésus-Christ, et non pas du roi; ils désirent un gouvernement constitutionnel, mais ils ne s'en mêlent pas.

La cour de Rome a le plus grand intérêt à ce que le système constitutionnel s'établisse partout : elle a trop bien éprouvé, sous Napoléon, ce que c'est que la monarchie absolue au dix-neuvième siècle.

Tout ce qui est de la monarchie absolue est éminemment français; tout ce qui est constitutionnel est éminemment italien : c'est ce qu'on ignore dans le clergé de Bretagne.

Les prêtres gallicans, qui disent que le pape n'a pu déclarer propriétaires incommutables dans le for intérieur les acquéreurs de biens nationaux, troublent la France. Les prêtres ultramontains, qui reconnaissent sur ce point la compétence du pape, tranquillisent les consciences; les prêtres français sont par là dans l'alternative d'être en opposition avec la Charte ou d'être ultramontains. Choisissez, et ne demandez pas les deux contraires à la fois.

Vos missionnaires sont des fous, une congrégation anti-nationale qui n'a rien de commun avec les jésuites rétablis par Pie VII. A Rome, l'on s'occupe des affaires de France le moins qu'on peut : il n'y a rien à y gagner. La dernière réponse du pape à la lettre des évêques de France ressemble, pour qui sait lire, à celle que fit Louis XI aux députés de Gênes : *Vous vous donnez à moi, et moi je vous donne au diable.*

Les nobles et les prêtres d'Italie ne ressemblent en rien à ceux que le général Foy attaque avec raison à la tribune; car ces gens-là mettent le feu aux quatre coins de l'Europe, et sont dignes de la haine et du mépris des nations.

Dès que je nomme le général Foy, et que je me souviens de son rapport récent sur les pétitions, je voudrais qu'il fût informé, 1° que les Italiens font des vœux pour le bonheur de la nation française, qu'ils rendent justice à ses bonnes qualités, et qu'ils lui envient le bonheur d'avoir une constitution; 2° que les Italiens se réjouissent tous les jours d'être délivrés des lois françaises et du système administratif français; 3° que toutes les améliorations législatives, introduites dans le royanme de Naples et dans celui d'Italie, furent faites par des ministres italiens; que la féodalité fut supprimée par les républiques parthénopéenne et cisalpine, et que par conséquent la France n'a sur tout cela aucune gloire à réclamer, ayant tout au plus permis aux peuples italiens d'exécuter leurs projets. Les peuples d'Italie ne sont pas assez déponrvus de patriotisme pour regretter et chérir le joug de l'étranger, pas plus celui de la France que celui de l'Autriche, et M. le général Foy s'est trompé gravement dans ce qu'il a proclamé à la tribune à ce sujet.

Votre obéissant serviteur,

Un prêtre italien.

NOTE XX.

Ceci n'a rien d'extraordinaire; depuis principalement six années révolues, le haut clergé de France, oubliant qu'il manque au Roi, conservateur né de nos priviléges nationaux en matière ecrlésiastique, entretient des correspondances privées avec la cour de Rome, fait circuler des bulles ignorées dans nos campagnes, des brefs non approuvés, et le tout sans la participation de l'autorité civile; il parle sans cesse de son *ferme attachement au saint-siége*, tandis qu'il ne lui doit que de la déférence et du respect dans l'ordre hiérarchique, et en tant que le saint-père parle au nom de l'église collective de Jésus-Christ, et qu'il y soit autorisé par un concile. Les autres sentimens d'affection nous semblent appartenir, sinon d'une manière exclusive, au moins dans un degré plus éminent, à la patrie et au prince, qui en est la vivante image.

Réponse de M. l'archevêque de Paris à M. le Ministre de l'intérieur lors de la pose de la première pierre du séminaire de Saint-Sulpice. (Extrait du *Moniteur.*)

Monsieur le comte,

Le clergé de France vous prie de déposer aux pieds du Roi l'hommage de sa vive et respectueuse reconnaissance pour le bienfait qui assure à tous les diocèses de si grandes ressources. Les desseins de Sa Majesté seront remplis; de la vénérable école de *Saint-Sulpice* sortiront, comme autrefois, des ecclésiastiques savans et sages, pleins de zèle pour la foi catholique et de dévouement pour l'honneur de la couronne, *fermement attachés au saint-siége* et au trône des rois *très-chrétiens.* Qu'il me soit permis, M. le comte, de vous offrir des remerciemens particuliers pour l'intérêt si marqué que vous avez bien voulu prendre à la fondation d'un séminaire qui va préparer aux pasteurs, au clergé et aux fidèles de ce diocèse, de si précieuses consolations.

NOTE XXI.

Quimper, 8 novembre 1820.

Le Préfet du Finistère à MM. les maires du département.

Messieurs,

Dans le petit nombre des communes de ce département que j'ai eu l'occasion de parcourir depuis que sa Majesté a daigné m'en confier l'administration, j'ai remarqué avec peine plusieurs croix encore renversées, et dans l'état où les a mises le vandalisme sacrilége de 1793.

Nous serions coupables de laisser subsister plus long-temps des vestiges de cette époque à jamais déplorable de délire et d'impiété, et tous mes efforts doivent tendre à en effacer, s'il était possible, jusqu'au souvenir.

Je connais trop bien vos sentimens, monsieur le maire, pour n'être pas convaincu que cette observation suffira pour exciter votre zèle, et que vous vous empresserez de faire relever, partout où il se voyait, dans votre commune avant la révolution, le signe auguste du salnt des hommes.

Nous approchons du jour où toute la France célébrera à la fois, par de nouvelles fêtes, la naissance du jeune prince si justement appelé DIEUDONNÉ, de ce prince la consolation et l'espoir de la patrie.

C'est un jour bien convenable que celui-là, monsieur le maire, pour opérer avec pompe la restauration que je vous recommande, et pour joindre, à l'enthousiasme de notre amour pcur les Bourbons, un témoignage de respect pour le Dieu de saint Louis et de Henri IV.

La générosité de vos administrés vous fournira sans doute, à défaut de ressources suffisantes dans la situation financière de votre commune, tous les moyens nécessaires pour subvenir aux frais de cette mesure vraiment politiqne autant que religieuse.

Je m'empresserai au surplus d'accueillir toutes les demandes que vous me ferez pour cet objet, sur les fonds réservés de votre budget, qui ne peuvent être dépensés que par mon autorisation.

Recevez, je vous prie, l'assurance de ma considération très-distinguée, Baron DE CHAULIEU.

SUPPLÉMENT A LA NOTE XI.

Bernay, 30 décembre 1820.

A Monsieur Lizot, membre de la Chambre des députés.

Monsieur,

J'ai lu dans le *Moniteur* le compte que vous avez rendu à la chambre des députés, dans sa séance du 22 de ce mois. Ce compte est à la fois incomplet et inexact.

Puisque vous aviez promis la vérité sur ce qui s'est passé dans le collége électoral que vous avez présidé, vous auriez dû dire à la chambre que, pour la nomination des scrutateurs définitifs, vous avez admis, malgré les réclamations de plusieurs électeurs, un grand nombre de bulletins, sans autre désignation que celle-ci : « le bureau provisoire », « le bureau tel qu'il est », et que vous en avez fait l'application aux scrutateurs provisoires. Vous auriez dû dire que les électeurs ont été privés du droit de voter secrètement, malgré les dispositions de l'article 6 de la loi du 29 juin dernier, et qu'ainsi les suffrages n'ont pas été libres; que, la veille de l'ouverture du collége, vous avez fait enlever le siége du greffier du tribunal, et que vous l'avez fait remplacer par un petit escalier de deux pieds de largeur placé au centre du bureau, et disposé de manière que chaque électeur était obligé de voter sous vos yeux et à deux pieds de distance de vous; que plusieurs réclamations vous ont été adressées contre cette violation de la loi, et que vous avez constamment refusé d'y faire droit. Vous auriez dit que vous n'avez fait part ni au bureau ni au collége des bulletins qui restaient dans le fond du scrutin, et que vous les avez mis seul à l'écart sans consulter le bureau et sans avoir fait vérifier ni le nombre, ni la couleur, ni l'inscription de ces bulletins. Vous auriez dit enfin que j'ai fortement insisté pour que ce fait grave fût mentionné au procès-verbal, et que, loin que je l'aie jugé insignifiant, je vous ai rappelé, ainsi qu'aux autres membres du bureau, que le collége électoral du département de l'Eure avait, dans une circonstance semblable, recommencé la nomination d'un candidat pour le sénat conservateur.

Je ne puis, Monsieur, qu'admirer la prudence qui vous a empêché de brûler sept cents bulletins dans une salle voûtée, construite en pierre de taille, ayant plus de soixante pieds de longueur sur vingt-cinq de largeur. On doit réellement vous savoir gré de la crainte que vous avez eue de compromettre le lambris.

Quant à ma destitution, dont vous avez cru qu'il était de votre dignité d'entretenir la chambre, je crois que vous avez été aussi étranger à cette mesure que vous l'avez été au remplacement des deux honorables magistrats qui siégeaient au même tribunal que vous, et dont l'arrondissement de Bernay déplore chaque jour la perte; que vous l'avez été à la destitution et à l'éloignement de quatre fonctionnaires publics du même arrondissement destitués ou éloignés dans le mois qui a précédé les dernières élections.

L'ex-secrétaire du collége électoral de l'arrondissement de Bernay, session de 1820,

GATTIER.

FIN.